Zeitalter der Angst

2. Auflage

Joachim Jahnke

FSC
www.fsc.org
MIX
Papier aus ver-
antwortungsvollen
Quellen
Paper from
responsible sources
FSC® C105338

*Bibliografische Information der Deutschen Nationalbibliothek:
Die Deutsche Nationalbibliothek verzeichnet diese Publikation in
der Deutschen Nationalbibliothek, detaillierte bibliographische
Daten sind im Internet über http://dnb.d-nb.de abrufbar.*

Herstellung und Verlag: BoD – Books on Demand, Norderstedt
ISBN: 9783739241296

Inhalt

Vorwort

Nach allen neueren Umfragen, die immer wieder erhoben werden, sind sehr viele Menschen von starken Ängsten geplagt. Das geschieht, obwohl Regierungen und Medien unser Land ständig als stark darstellen, als ein Land, das alles schaffen kann. Es sind nicht eingebildete Ängste, sondern solche aus einem sehr realistischen Bauchgefühl. Man versucht, sie uns auszureden. Doch sie bleiben. Man kann sie hinterfragen und erhält von den Betroffenen vernünftige Antworten. Die Ängste werden seit einiger Zeit eher grösser. Dazu tragen auch die Medien bei.

Die Wortführer der heutigen neoliberalen Form des Kapitalismus haben der Angst eine für sie nützliche Funktion gegeben: Sie soll gefügig machen. Und das tut sie auch. Man möchte seine Ängste herausschreien, weshalb auf dem Einband des Buches ein Ausschnitt aus „Der Schrei" von Edvard Munch erscheint - ein Bild, das für Angst und Apokalypse steht wie kaum ein anderes.

Nach der letzten Umfrage von Allensbach vom Januar 2016 fürchtet sich mehr als die Hälfte der Befragten vor allgemeiner Unsicherheit, fast eine Verdoppelung gegenüber dem Jahr 2014, blicken nur noch wenig mehr als 40 % mit Optimismus ins neue Jahr, während es ein Jahr vorher noch 56 % waren, obwohl schon da viele Krisen den Horizont verdunkelten.

Fritz Stern, einer der berühmtesten noch lebenden Historiker, 1926 in Breslau als Sohn jüdischer Eltern geboren und dann 1938 nach USA geflüchtet, formuliert das heute im Alter von neunzig Jahren so: „Ich glaube, wir stehen vor einem Zeitalter der Angst, der weit verbreiteten Angst. Ich glaube, wir stehen vor einem neuen, illiberalen Zeitalter. Ich habe mich manchmal beschwert, dass ich aufgewachsen bin mit dem Ende einer Demokratie und jetzt, am Ende des Lebens, die Kämpfe um die Demokratie noch einmal erleben muss. Eigentlich eine traurige Bilanz."

Es ist kein leichtes Thema, diese Ängste zu analysieren und ihre Gründe darzustellen. Angst kann leicht zu Hysterie führen. Und doch sind solche Analysen nötig. Nur wenn man die Vielfalt der Ängste aufarbeitet, das Angstgewebe in seiner Vernetzung darstellt, kommt man den Ursachen und den Tätern auf die Spur. Meist wäre schon eine der Ängste schlimm genug. Doch erst in der Häufung werden die Ängste zu einem Faktor, der die Lebensqualität in allen fortgeschrittenen Industriegesellschaften deutlich absenkt. Ich habe mich auf meiner Webseite und in einigen Büchern immer wieder mit den Ängsten befasst. Dies hier soll eine umfassendere und systematischere Darstellung mit viel aktuellem Material werden.

Noch habe ich nicht das Alter von Fritz Stern. Aber auch ich bin in der Erwartung aufgewachsen, dass die Demokratie ein Selbstläufer sein würde. Aus den Luftschutzkellern des Zweiten Weltkriegs aufsteigend dachten wir, nun angstfrei leben zu können. Später haben wir uns gefreut, als mit dem Fall der Mauer die Aussichten auf demokratische Verhältnisse in Europa und der Welt noch besser zu werden schienen. „Nie wieder Krieg!" schien erstmals eine realistische Parole zu sein.

Nun im Alter von 77 Jahren bin ich mir dessen nicht mehr sicher. Der von mir mitverfolgte und in einem meiner Bücher aufgeblätterte schrittweise Untergang der Sozialen Marktwirtschaft, die Dauerkrisen des Euros und der gesamten EU, die neue Völkerwanderung aus uns total fremden Kulturen auf der Suche nach unserem Lebensstandard, die Begeisterung der Regierungen für immer mehr neoliberale Globalisierung, der neuerliche Rechtsruck in Osteuropa und anderen Teilen der Welt, das Wiederaufleben des Konfliktes mit Russland, der grausame Terror in vielen Ländern der Welt, der sich fortsetzende Klimawandel und der zunehmende psychische Krankenstand, um nur einige der Krisenherde zu nennen, haben auch mein Selbstvertrauen erheblich erschüttert. Insgesamt bin ich in der Vorbereitung dieses Buches auf nicht weniger als zehn grössere, sich gegenseitig überlappende und noch verstärkende Krisen gekommen, die nach einer Analyse verlangen.

Wie viele andere Beobachter frage ich mich, ob die Strukturen, mit denen die Regierungen, auch die Bundesregierung, Krisen bewältigen wollen, und vor allem deren Kurzatmigkeit und Abhängigkeit von fest verankerten Einzelinteressen noch angemessen sind, um mit dem Gebirge an angstverbreitenden Langzeitkrisen fertig zu werden. Und wenn das nicht der Fall sein sollte? Was dann?

Den folgenden zehn Kapiteln sind jeweils enger gedruckte Faktensammlungen für diejenigen Leser angeschlossen, die nach ausführlicherer Information suchen. Die hochgestellten Zahlen verweisen auf die Grafiken am Ende des Buches.

Bangor, im März 2016

1. Zunehmende soziale Ungleichheit

Seit Jahren wachsen die Einkünfte aus Unternehmertätigkeit und Vermögen weit stärker als die aus Arbeit[1], fallen die Arbeitseinkommen unter die Entwicklung der Produktivität[2], brechen die Arbeitseinkommen immer mehr nach oben und unten aus[3], wird in einer schrumpfenden Gesellschaft mehr vererbt als erarbeitet. Die Lohnquote ist seit Beginn der 80er Jahre tief gefallen[4]. Im Ergebnis werden die Vermögen immer ungleicher verteilt[5]. Das obere 1 % der Einkommen hat seit Beginn der 80er Jahre seinen Anteil an allen Einkommen erheblich hochgeschoben und ist im internationalen Vergleich nur noch in USA und Großbritannien höher vertreten[6].

Umgekehrt ist die Gesellschaft aufstiegsfeindlich geworden, schon in den Schulen und später im Erwachsenenleben (siehe unten). Das spaltet die Gesellschaft unerträglich auf und führt in weiten Kreisen zu Abstiegsangst und Angst vor Armut, vor allem im Alter, wenn keine Gewerkschaft mehr für die Alterseinkünfte kämpft. Besonders die Mittelschichten, das dynamische Herz jeder Gesellschaft und Motor des demokratischen Prozesses, sind vom Abstieg konkret bedroht. Seit 1992 ist der Anteil der Mittelschichten an den deutschen Haushalten nach einer neuen Studie der Universität Duisburg Essen von 56,4 % auf nur noch 48 % geschrumpft, in so wenigen Jahren für soziale Entwicklungen ein enormer Einbruch. Ober- und Unterschicht sind jetzt zusammen grösser.

Alle Beobachter und auch die Regierungen beobachten diese Entwicklung mit grosser Sorge. Internationale Organisationen, wie immer wieder die OECD, warnen davor und belegen, wie zunehmende Ungleichheit der Wirtschaftsentwicklung schadet. Doch kaum eine Regierung hat den Mut, gegen die starken Einzelinteressen am wohlhabenden Ende anzutreten, Steuervorteile für die Wohlhabenden aufzuheben, Steuerschlupflöcher energisch zu schliessen oder über steuerfinanzierte höhere Sozialleistungen für Ausgleich zu sorgen. Anders als in vielen anderen Ländern wurde in Deutschland die Vermögenssteuer abgeschafft und gilt eine vergleichsweise niedrige Erbschaftssteuer[7,8]. Bei den Absteigern und von Abstieg Bedrohten erhöht die Untätigkeit der Regierenden den Angstpegel noch zusätzlich.

Hier wirkt nicht zuletzt das Gift der neoliberalen Revolution aus den 80er Jahren weiter. Nach dieser Bibel einer neoliberalen Globalisierung wird unter diesem Begriff seit 1989 ein Bündel wirtschaftspolitischer Reformmassnahmen bezeichnet, die Regierungen zur Förderung von wirtschaftlicher Stabilität und Wachstum durchführen sollten. Das Konzept wurde von den westlichen Regierungen als Hauptgesellschafter des Internationalen Währungsfonds und der Weltbank in Washington als Bedingung für Fördergelder beschlossen und so den Empfängerländern auferlegt. Es kam aus der Ecke der „Neuen Rechten", wie Reaganomics und Thatcherismus. Einzelmassnahmen umfassten vor allem: Nachfragedrosselung und Kürzung der Staatsausgaben, Verbesserung der Effizienz der Ressourcennutzung in der gesamten Wirtschaft durch Rationalisierung und Kostenökonomie, Liberalisierung der Handelspolitik, Deregulierung von Märkten und Preisen einschliesslich der Abschaffung von Preissubventionen für Grundbedarfsartikel, Privatisierung öffentlicher Unternehmen und Einrichtungen, Entbürokratisierung und Abbau von Subventionen. Unbeschränkter Reichtum galt nun als sozial vertretbar, weil man ein „Heruntertropfen" versprach, das allerdings ausblieb.

Im September 1982 legte dann Bundeswirtschaftsminister Graf Lambsdorff sein „Konzept für eine Politik zur Überwindung der Wachstumsschwäche und zur Bekämpfung der

Arbeitslosigkeit" vor, mit dem die sozial-liberale Koalition aufgelöst wurde und die „schwarze Wende" zu Helmut Kohl kam. Lambsdorff schlug praktisch vor, den Washington Consensus, der bereits in USA und Grossbritannien galt, nun auf Deutschland zu übertragen. Der eigentliche Autor im Ministerium war der Leiter der Grundsatzabteilung Tietmeyer, der dann unter Kohl Staatssekretär und später Chef der Bundesbank wurde und bis 2012 Vorsitzender des Kuratoriums der neoliberalen „Initiative Neue Soziale Marktwirtschaft" war. Die Zeit von Reaganomics und Thatcherismus hatte auch in Deutschland begonnen und fand später in Schröder und der rot-grünen Koalition mit den Hartzgesetzen und anderen tiefen Einschnitten ins soziale Netz einen beflissenen Vollstrecker.

Die zunehmende soziale Ungleichheit und die damit verbundenen Abstiegsgefahr sind seit einigen Jahren zu einer der grössten Quellen von Angst in unserer Gesellschaft geworden.

Weitere Fakten:

Eine verkrustete Gesellschaft: Aufstiegsmobilität war einmal

Aufstiegsmobilität und Chancengleichheit waren quasi heilige Grundsätze der Sozialen Marktwirtschaft, ihr eigentliches Credo und entscheidendstes Element. Wenn schon Einkommen und Vermögen sehr ungleich verteilt sind, so muss Jeder eine Chance haben, sich durch eigene Ausbildung und Arbeit aus der Ungleichheit wenigstens teilweise herauszuarbeiten. Doch mit dem Abbau der Sozialen Marktwirtschaft ist die deutsche Gesellschaftsstruktur jetzt total verkrustet. Das ist umso perverser, als nun durch die demographische Entwicklung immer weniger junge Menschen, die keinen Migrationshintergrund haben, nachwachsen und aufsteigen müssten. Der beruhigende, schon gebetsmühlenartige Gesang von der Chancengleichheit ist dennoch ständig auf den Lippen von Regierung und Medien.

Die Kinder kommen schon mit extrem unterschiedlichen Chancen ins Schulalter, je nach Bildungshintergrund der Eltern, Migrationshintergrund, Hartz-IV oder nicht, sowie sonstiger Schichtung[9]. Umso wichtiger wäre es, möglichst viele dieser Unterschiede durch ein gutes Schulsystem auszugleichen.

Doch Deutschland ist seit den 70er Jahren in ständiger Annäherung an die Verhältnisse in den USA zu einem der aufstiegsunfreundlichsten Länder verkommen. Das deutsche Schulsystem ist heute bestenfalls Mittelklasse und schafft einzig in der Welt mehr Absteiger als Aufsteiger. Geldbeutel und soziale Herkunft der Eltern sind für schulischen Erfolg und dementsprechend berufliche Entwicklung die wichtigsten Kriterien. Am anderen Ende sind die Einkommensklassen fest zementiert und aufstiegsundurchlässig. Dazu der Soziologe Prof. Michael Hartmann:

"Die Wahrscheinlichkeit, dass man in dem gesellschaftlichen Bereich bleibt, in dem man gross geworden ist, ist deutlich gestiegen. Die Chancengerechtigkeit ist seit der Jahrtausendwende deutlich rückläufig. Wenn man in den 60er und 70er Jahren noch relativ häufig erlebt hat, dass Personen aus den unteren Schichten aufgestiegen sind, ist das heute nur noch eine Ausnahme. Im internationalen Vergleich entfernt man sich immer weiter von Ländern mit hoher Chancengerechtigkeit, wie etwa den skandinavischen, und nähert sich Grossbritannien oder den USA an."

Nach einer im Januar 2013 veröffentlichten Studie des Deutschen Instituts für Wirtschaftsforschung (DIW) hängen die unterschiedlichen Bildungserfolge der Menschen in Deutschland zu mehr als 55 % von ihrem Elternhaus ab. Auch die Ungleichheit zwischen den individuellen Arbeitseinkommen lässt sich zu etwa 40 % durch den Familienhintergrund erklären. Im internationalen Vergleich ist danach das Mass an Chancengleichheit in Deutschland erschreckend gering. Deutschland steht auf einer Stufe mit den Vereinigten Staaten am unteren Ende der Skala für Chancengleichheit. Am anderen Ende der Skala rangiert Dänemark, wo maximal 20 % der Ungleichheit der Arbeitseinkommen auf familiäre Einflüsse zurückgehen. Dabei hat das DIW anstatt Eltern und Kinder zu vergleichen, analysiert, wie ähnlich sich Geschwister sind[10]. Wenn ein substanzieller intergenerationaler Zusammenhang vorliegt, sollten sich zwei Geschwister deutlich ähnlicher sein als zwei zufällig ausgewählte vergleichbare Individuen. Der Effekt des Familienhintergrundes wird also indirekt gemessen und dabei auch dem Einfluss genetischer Dispositionen von Talenten und Fähigkeiten innerhalb einer Familie Rechnung getragen.

Nach dem 4. Armuts- und Reichtumsbericht der Bundesregierung hat, wer aus einem ungelernten Haushalt stammt, ein erhöhtes Risiko, selbst ungelernt zu bleiben. 31 % dieser Kinder verblieben in der Position des Vaters. Für diejenigen, die nicht in einer ungelernten Familie aufwachsen, betrage der Vergleichswert 14 %. Die OECD hat in ihrer Kompetenzstudie von 2013 den Unterschied in der Lesefähigkeit zwischen Erwachsenen mit Eltern ohne Oberschulabschluss und solchen mit Eltern, von denen mindestens ein Teil Universitätsabschluss hat, international verglichen. Nirgendwo, ausser in USA ist der Unterschied so gross wie in Deutschland[11]. Da also Eltern mit wenig Bildung in Deutschland durchschnittlich oft zu Kindern mit wenig Bildung führen, hat sich dieser Effekt, demgegenüber das deutsche Schulsystem versagt, über die Jahre verstärkt.

Eine Studie der Bertelsmann Stiftung führt vor, wie deutsche Schulen doppelt so viele Absteiger wie Aufsteiger produzieren. So wurden im Schuljahr 2010/2011 50.000 Schüler auf eine niedrigere Schulform geschickt, nur 23.000 auf eine höhere. In der Sprache der Bildungsbürokratie heisst das dann "Abschulung". Das deutsche Schulsystem ist also vor allem in eine Richtung durchlässig: nach unten. Kinder aus bildungsfernen Familien schaffen es in Deutschland viel seltener ans Gymnasium und ins Studium als Mitschüler aus dem Bildungsbürgertum. Dagegen ist in den meisten OECD-Ländern ist die intergenerationale Bildungsmobilität nach oben hin stärker ausgeprägt als nach unten - anders ausgedrückt: Der Anteil der jungen Erwachsenen, die ein höheres Bildungsniveau erreichen als ihre Eltern, ist höher als der Anteil der jungen Erwachsenen, die ein geringeres Bildungsniveau erreichen. In Deutschland ist dies jedoch nicht der Fall: Nur 20 % der 25- bis 34-Jährigen, die nicht mehr an

Bildung teilnehmen, ist es gelungen, ein höheres Bildungsniveau zu erreichen als ihre Eltern, wohingegen 22 % dieser Altersgruppe ihre Ausbildung mit einem niedrigeren Niveau abgeschlossen haben. Im OECD-Vergleich mit einem Durchschnitt an Aufwärtsmobilität von 37 % gegen Abwärtsmobilität von nur 13 % belegt Deutschland den ungünstigsten Platz[12].

Das amerikanische Mobility Projekt hat festzustellen versucht, in wieweit der amerikanische Traum der Aufwärtsmobilität von Eltern zu Kindern noch den Fakten entspricht und kommt dabei zu einem für die USA bedrückenden Ergebnis: Männer in den 30ern verdienen heute weniger als Männer der gleichen Altersgruppe in der Generation der Väter. Zweites Ergebnis: Bis auf Kanada sind die vier skandinavischen Länder weit besser dran als die anderen untersuchten, auch als Deutschland. So haben in Dänemark die Söhne fast die gleichen Einkommenschancen egal, aus welcher sozialen Schicht sie kommen.

Eine Studie des DIW vom November 2013 brachte noch mehr Klarheit in die Situation. Die Einkommensmobilität an den Rändern hat seit Mitte der 90er Jahre erheblich abgenommen. So befanden sich 44 % der im Jahr 1994 einkommensarmen Personen im Jahr 1997 noch in der gleichen Position. Im Zeitraum von 2008 bis 2011 ist der entsprechende Anteil auf 54 % gestiegen. Auch am oberen Rand der Einkommenshierarchie nahm die Mobilität ab: Personen mit einem Einkommen von 200 % und mehr des Median verblieben zwischen 1994 und 1997 nur zu 59 % in ihrer Einkommensklasse, seit 2004 trifft dies bereits auf 65 % zu[13].

Insgesamt entwickelte sich - so das DIW - die Wahrscheinlichkeit, am Ende eines Vierjahreszeitraums zur gleichen Einkommensgruppe zu gehören wie zu Beginn, bei von Armut bedrohten Personen in den 90er Jahren zunächst nahezu konstant. Um die Jahrtausendwende stieg sie jedoch sprunghaft an und liegt seitdem bei rund 55 bis 60 %. Bei den Personen der höchsten Einkommensgruppe verläuft die Entwicklung gleichmässiger; hier nahm die Verharrungsquote auf zuletzt 65 % zu. Nach DIW liegen Hinweise vor, dass steigende Lohn-Ungleichheit mit dem Trend geringerer Lohn-Mobilität einhergeht.

2. Weltweit Wachsende Schulden & Stagnation

Die zunehmende Ungleichheit der Einkommen und Vermögen (siehe Kapitel 1) hätte zu einem enormen Ausfall an Massenkaufkraft und dementsprechend tiefen Einbrüchen in den Volkswirtschaften geführt. Diese Gefahr wurde im neoliberalen Zeitalter nicht durch eine bessere Verteilung gebannt. Stattdessen wurde ein temporäres Pflaster erfunden: Kredit. Die Notenbanken sorgten in den Jahren bis 2007 dafür, dass genug Liquidität bei den Banken anlandete und die Zinsen niedrig waren. Das Ergebnis war ein Strohfeuer auf Kredit. Konsumenten mit wenig Barem wurden in die Verschuldung getrieben und in USA, Spanien, Irland und anderen Ländern auf die Immobilienmärkte, wobei die Banken die Kredite mit wenig Prüfung herausreichten und die Investitionen in Immobilien wegen der im Strohfeuer steigenden Immobilienpreise lohnend erschienen. Gleichzeitig boomte das Plastikgeld der kleinen Leute beim täglichen Einkauf.

Aber auch andere Interessenten nahmen die billigen Kredite auf, vor allem Regierungen, die sich nun günstig über Staatsanleihen finanzieren konnten, ebenso Unternehmen und natürlich auch Spekulanten, die auf Kredit Wertpapiere kauften, bei denen die Kurse immer nur zu steigen schienen. Damit die Banken immer mehr Kredit geben konnten, wurden viele Arten von Kredit in neuen undurchsichtigen Wertpapieren verpackt und an Käufer, in Deutschland vor allem Landesbanken, verscherbelt, denen ein seriöses und gewinnträchtiges Geschäft mit diesen Papieren vorgegaukelt wurde. Natürlich war auch die Deutsche Bank mit ihrer Tochter in USA an der Weiterverbreitung mieser Hypothekenpapiere beteiligt. Im Ergebnis verschuldete sich die ganze Welt bis über die Halskrause.

In den Jahren 2007/08 platzte die Kreditblase mit schrecklichem Krach und vielen Pleiten. Um die Banken und deren Gläubiger, die Bankaktien und Bankanleihen gekauft hatten, aufzufangen, sprangen die Regierungen mit dem Geld der Steuerzahler ein. Die Schulden verschoben sich nur aus dem privaten in den öffentlichen Bereich, wurden aber nicht bereinigt. Nun gerieten deshalb immer mehr Staaten in die Verschuldung. Dies geschah auch, um die sozialen Lasten aus krisenbedingt wachsender Arbeitslosigkeit zu finanzieren und um mit öffentlichen Programmen die Wirtschaften wieder anzukurbeln. Selbst China griff nun immer mehr zur Kreditspritze und sitzt inzwischen auf einem gigantischen Berg fauler Kredite.

Im Ergebnis stieg und steigt die Verschuldung der Welt immer höher[14]. Allerdings ist es nicht gelungen, ein selbstragendes, zu ausreichender Beschäftigung und zum Schuldenabbau führendes Wachstum der Weltwirtschaft zu erreichen. Besonders die Eurozone kommt der Niedrigstzinspolitik der EZB zum Trotz nur langsam aus der Krise heraus[15,16]. Auch dort steigen die Staatsschulden immer höher[17] und hält sich die Arbeitslosigkeit trotz einiger Rückgänge auf einem unerträglich hohen Niveau[18].

Bei einer Verbraucherpreisentwicklung gegen Null entwerten sich Schulden nicht mehr automatisch wie früher immer. Man muss damit rechnen, dass sich die schlechten Aussichten noch viele Jahre lang halten werden. Der Überhang an nicht bereinigter Verschuldung ist einfach zu gross, um eine normale Wirtschaftsentwicklung zu ermöglichen. Ausserdem hält die ungleiche Einkommens- und Vermögensverteilung mit dem Ausfall an Massenkaufkraft an. Das Pflaster wachsender Verschuldung wie in den Jahren vor dem Crash steht aber nicht mehr zur Verfügung. Zudem haben die Notenbanken auf der Zinsseite ihr Pulver fast vollständig verschossen und stünden einer weiteren Krise ziemlich hilflos gegenüber.

Schliesslich sind viele Schwellenländer bei fallenden Rohstoffpreisen in die Krise gekommen und sind nun von Kapitalflucht zusätzlich betroffen. Auch China muss die Importe bremsen, nachdem viele Unternehmen überschuldet sind oder ihre Überproduktion nicht mehr zu Hause und im Export absetzen können und dazu noch die Kapitalflucht aus China Fahrt aufgenommen hat. Die Zurückhaltung der Schwellenländer und vor allem Chinas bei Importen belastet ihrerseits die auf Export angewiesenen westlichen Industrieländer. Die Bank für Internationalen Zahlungsausgleich warnt bereits vor gravierenden Folgen für die Weltwirtschaft (siehe unten).

Deutschland wird sich in einer total neoliberal globalisierten Welt aus dem Strudel nicht heraushalten können. Hier sind gigantische Abhängigkeiten von der Weltwirtschaft aufgebaut worden wie kaum in einem anderen Land. Die gesamte deutsche Industriestruktur wurde einseitig auf Export getrimmt. Mit über viele Jahre ausgebremsten Löhnen (siehe Kapitel 1) sollte der Export gestützt werden. Zudem profitierte und profitiert der deutsche Export von einem angesichts der deutschen Exportüberschüsse erheblich unterbewerteten Eurokurses, der umgekehrt in Deutschland zu kursbedingt überteuerten Importen führte und führt. Gewinner waren und sind einseitig die Kapitaleigner der Exportunternehmen und ihrer Zulieferanten und das Führungspersonal dieser Unternehmen. Verlierer waren und sind die Arbeitnehmer als Lohnbezieher und spätere Rentner sowie als Konsumenten der überteuerten Importware.

Hohe Schulden und weltwirtschaftliche Unsicherheiten sind besonders in Deutschland ein erheblicher Angstfaktor, weil hier Schulden immer schon kritisch gesehen werden und weil den meisten Deutschen selbst ohne volkswirtschaftliches Studium bewusst ist, was Exportabhängigkeit bedeutet.

Weitere Fakten:

Noch ist die letzte globale Krise nicht ausgestanden

Viele Staaten, Unternehmen, Banken und private Haushalte sind hochverschuldet. Der Euroraum mit steigender Staatsverschuldung und hoher Arbeitslosigkeit in den Krisenländern und vor allem Frankreich ist tief zersplittert. Die globalen Finanzmärkte bieten nur noch in den ganz riskanten Ecken Renditen. Im zweitgrössten Euroland Frankreich hat der Präsident einen "wirtschaftlichen Notstand" ausgerufen, weil die unverändert hohe Arbeitslosigkeit eine ebenso grosse Herausforderung für das Land sei wie der Terrorismus.

Doch nun kommen weitere gewaltige Belastungen hinzu und können die Weltwirtschaft schwer abrutschen lassen:

Stürzender Ölpreis

Als Folge eines Überangebots und rückläufiger Importe der schwächelnden Wirtschaft Chinas (siehe unten) ist der Ölpreis mit einem Absturz um 40 % innerhalb eines Jahres tief eingebrochen[19]. Bezogen auf den Weltverbrauch ein Preisverlust von etwa 850 Mrd. US$ oder etwas über 1 % der jährlichen Wirtschaftsleistung der gesamten Welt. Auch andere Rohstoffe haben tiefe Preiseinbrüche zu verzeichnen. Der Rohstoffindex von Bloomberg ist auf den tiefsten Stand seit 1991 gefallen. Viele Experten, darunter die Internationale Energieagentur, erwarten, dass die Talfahrt in den kommenden Monaten weiter geht.

Die Öl- und Rohstoffproduzenten sind damit angeschlagen und können weniger importieren, was Exportländer, vor allem Deutschland, zu spüren bekommen werden. Die russische Wirtschaft hängt besonders vom Ölpreis ab und verzeichnet entsprechend hohe Verluste. Die russische Regierung muss den diesjährigen Haushalt um 10 % kürzen. Staaten wie Algerien, Libyen oder Nigeria fehlt Geld für

Sozialprogramme und Sicherheit, so dass neue Unruhen und Proteste drohen; Venezuela und Ecuador stehen vor der Staatspleite.

China schwächelt

Der zunehmende Wachstumsverlust der chinesischen Wirtschaft kombiniert mit einer hohen Inlandsverschuldung ist zu einem globalen Problem geworden. Nach amtlichen Zahlen wuchs die Wirtschaft im 4. Quartal 2015 um 6,8 % gegenüber Vorjahr[20]. 2015 verzeichnete die schwächste Wachstumsrate seit 25 Jahren. Experten nehmen jedoch auf der Basis anderer Wirtschaftsdaten an, dass die tatsächliche Wachstumsrate noch erheblich unter der amtlichen liegt. Die Aktienkurse verzeichnen immer wieder tiefe Kurseinbrüche, so dass die Börsen schon mehrfach geschlossen werden mussten. Internationale Anlieger ziehen massenhaft Kapital aus China ab[21].

Die Emerging Markets: angeschlagen

Als Folge der fallenden Öl- und Rohstoffpreise und der Probleme der chinesischen Wirtschaft sind die Schwellenländer unter enormen Druck geraten. Der Index der Währungskurse fiel auf einen Niedrigstrekord, die Aktienkurse auf den tiefsten Stand seit 2009. Als Folge der fallenden Öl- und Rohstoffpreise und der Probleme der chinesischen Wirtschaft sind die Schwellenländer unter enormen Druck geraten. Der Index der Währungskurse fiel auf einen Niedrigstrekord, die Aktienkurse auf den tiefsten Stand seit 2009. Über die letzten 15 Jahre hat der kreditgestützte Zuwachs der Schwellenländer die Weltwirtschaft angetrieben. Doch das dreht sich jetzt um und führt – so die Warnung der Bank für Internationalen Zahlungsausgleich vom Februar 2016 - zu einem Teufelskreis von Verschuldungsabbau, Stürmen an den Finanzmärkten und weltwirtschaftlichem Abschwung. Das Gesamtvolumen an Krediten in Anleihen und Bankkrediten in US Dollar fiel bereits von 3,36 Billionen Ende Juni 2015 auf 3,33 Billionen Ende September 2015 und seitdem weiter. Es ist der erste Rückgang seit der globalen Finanzkrise von 2009.

Unsichere Banken

Die Banken, vor allem in den Krisenländern der Eurozone, haben viele faule Kredite in den Büchern, die bisher nicht bereinigt wurden. Das gilt vor allem für Italien, wo einige kleinere Banken praktisch vor dem Konkurs stehen und mit insgesamt mehr als 40 Mrd. Euro an faulen Krediten gerechnet wird. Die Banken der Eurozone räumen viel weniger Kredit ein, obwohl sie ständig von der EZB mit billigster Liquidität versorgt werden[22]. Auch im globalen Rahmen geht es den Banken nicht besonders gut: Der S&P 500 Financial Index, der die Aktienkurse des Finanzsektors nachzeichnet, ist in dem halben Jahr seit August 2015 um fast ein Fünftel eingebrochen. Die Aktie der italienischen Unicredit, eine der 30 größten EU-Banken hat fast die Hälfte ihres Wertes verloren, die spanische Banco Santander ebenso, die französische Credit Agricole mehr als 40 % und die auch von immer neuen Skandalen und Prozessen geschüttelte Deutsche Bank sogar mehr als die Hälfte.

3. Rentenkrise und Altersarmut

Unter den in Deutschland zunehmend sozial Benachteiligten befindet sich ein grosser Teil der Rentner, die entweder schon unter Altersarmut leiden müssen oder jedenfalls davon bedroht sind. Das berühmte Wort des damaligen Bundesministers für Arbeit und Sozialordnung Norbert Blüm im Wahlkampf 1986 „Die Rente ist sicher" gilt längst nicht mehr, spätestens seit derselbe 11 Jahre später und immer noch im Amt seine Rentenreform durchsetzte, mit der die „Schwundrente" eingeführt wurde. Die Rente wurde von der Entwicklung der Löhne nach unten abgehängt[23], die Eingangsrenten wurden und werden schrittweise abgesenkt[24]. Seitdem breitet sich Angst unter vielen Rentnern aus, besonders denen, die nicht die Mittel für eine zusätzliche private Altersversicherung haben oder deren zusätzliche Versicherung unter den Niedrigstzinsen der EZB leidet. Die Angst trifft auch jüngere Menschen, wenn sie über ihre Alterssituation nachdenken.

Von Altersarmut stark betroffen sind vor allem Menschen, mit Zeiten längerer Arbeitslosigkeit und solche mit niedrigem Arbeitseinkommen und hier wieder vor allem Frauen. Die Rentenschichtung fällt gerade bei den Frauen extrem aus[25]. Letztlich spiegelt das die starke Spreizung der Arbeitseinkommen wieder. So setzt sich die Lohndiskriminierung der Frauen in einer Rentendiskriminierung fort. Mindestrenten, wie beispielsweise in Dänemark, gibt es in Deutschland nicht.

Die Senioren sind im Durchschnitt fast um die Hälfte höher verschuldet als die Jüngeren, obwohl gerade unter den Älteren Schulden eigentlich verpönt sind. Dazu Rudolf Martens, Armutsforscher beim Paritätischen Gesamtverband:

"Mit dem Eintritt in den Ruhestand, sinken die Chancen älterer Menschen drastisch, ihre ökonomische Lage zu ver-

bessern. Während jüngere Menschen meist nur vorüberge-
hend in die Schuldenfalle rutschen, kommen Ältere oft aus
der Einkommensarmut nicht mehr heraus."

Und noch ein Kommentar zur Armutsdiskussion von
Heribert Prantl, Chefredakteur der Süddeutschen Zeitung, vom
3. April 2015:

"Die neue Armutsdebatte ist eine hochpolitische
Glaubwürdigkeitsdebatte. Sie wird ausgetragen zwischen
denen, die Armut in Deutschland für ein aufgeblasenes
Schreckensszenario halten, und denen, die die Realität aus
täglicher Arbeit kennen. Deutschland ist ein reiches Land; trotzdem gibt es immer mehr Armut. Man sieht sie nicht, wenn
man sie nicht sehen will. Armutsberichte stellen die Glaub-
würdigkeit der Erfolgsmeldungen infrage - schwarze Null, sinkende Arbeitslosigkeit, hohes Steueraufkommen; alles ist ja,
angeblich, gut wie schon lange nicht mehr. Aber: Armut hört
nicht auf, nur weil die Politik ihrer überdrüssig ist und weil sie
einem nicht mehr in den Kram passt."

Angst vor Altersarmut ist eine der schlimmsten Ängste,
die Deutsche umtreiben. Sie verbreitet Hilfslosigkeit, die Angst
vor miserablen Aufbewahrungsheimen für alte Menschen,
unzureichende Pflege und einen oft würdelosen Tod. Kaum
einer der verängstigten Rentner wird sich durch die Sirenen-
sprüche der Bundesregierung vom Nutzen der Flüchtlinge für
den Arbeitsmarkt und die Renten beruhigen lassen. Das ist
schlicht Propaganda zugunsten der Willkommenskultur (siehe Kapitel 5).

Weitere Fakten:

Bedeutung der Renten und Angst vor Altersarmut

Die Renten aus der gesetzlichen Rentenversicherung sind die Hauptquelle der Alterseinkommen in Deutschland. Im unterschiedlichen Masse fliessen ihnen ergänzend weitere Einnahmen aus der betrieblichen Altersvorsorge und der privaten Altersvorsorge zu. Dazu können noch nach Bedürftigkeitsprüfung Sozialleistungen zur Grundsicherung im Alter und bei dauerhafter Erwerbsminderung sowie Einnahmen aus selbstständiger und unselbstständiger Arbeit kommen. Wenn man die Verteilung der Einkommenskomponenten am Bruttoeinkommensvolumen der ab 65-Jährigen in Deutschland betrachtet, erweisen sich die Renten aus der gesetzlichen Rentenversicherung mit einem Anteil von insgesamt 65 % immer noch als wichtigste Einkommensquelle der älteren Generation; das gilt vor allem für alleinstehende Frauen mit 72 % [26].

Schon seit Langem halten die Deutschen die Sozialrente nicht mehr für sicher und fürchten sich vor Altersarmut[27].

Langfristig immer mehr sinkende Renten

Die Renten werden teilweise an die Entwicklung der Löhne angepasst. Die Löhne stagnierten viele Jahre lang oder gingen verbraucherpreisbereinigt sogar zurück und nahmen damit die Renten als Geiseln. Da es in Deutschland anders als in vielen anderen Ländern weder einen Inflationsschutz durch Indexierung, noch Mindestrenten gibt, traf das besonders kleine Renten schwer. Zusätzlich wurden aber mit dem Rotstrich der berüchtigten Rentenformel die Renten seit etwa 2010 nach unten von der Lohnentwicklung abgekoppelt. Inflationsbereinigt sind sie zwischen den Jahren 2000 und 2015 bereits um 4,4 % gefallen.

Die Rentenformel, die zu einer immer weiteren Absenkung der Eingangsrenten und dadurch mit der Zeit auch der Standardrenten führt, ist vor allem das Werk der Rürup-Kommission unter der Schröder-Regierung. Sie führte zur Rentenreform und darin der Rente mit 67 und vor allem der Nachhaltigkeitsfaktor, der die Renten in Stufen bis 2030 absenkt. Gemessen am letzten durchschnittlichen Arbeitsentgelt war das Netto-Rentenniveau von noch 55 % anfangs der 70er Jahre bis zur Rürup-Kommission schon auf knapp 53 % abgesunken. Doch seitdem geht der Nettowert vor Steuer unter dem Diktat der Rentenformel richtig nach unten. Von knapp 50 % in 2012 soll er bis 2030 noch auf 43 % absinken[28].

Ausserdem hat die Rührup-Kommission das Alterseinkünftegesetz vorbereitet. Mit ihm werden Renten aus der gesetzlichen Rentenversicherung ab 2005 schrittweise der nachgelagerten Besteuerung unterworfen. Alle Renten mit Beginn bis 2005 werden zu 50 % besteuert. Der steuerpflichtige Rentenanteil steigt in Schritten von 2 %-Punkten von 50 % im Jahre 2005 auf 80 % im Jahr 2020 und in Schritten von einem 1 %-Punkt ab dem Jahr 2021 bis 100 % im Jahre 2040 an. Beiträge zur Altersversorgung können andererseits, wenn auch nur teilweise, steuermindernd als Sonderausgaben geltend gemacht werden, was aber den späteren Rentnern nicht mehr hilft. Zudem wurde die Beitragsparität in der Kranken- und Pflegeversicherung der Rentner abgeschafft. Heute zahlen die Rentnerinnen und Rentner in der Krankenversicherung einen zusätzlichen Beitragsanteil von 0,9 % und in der Pflegeversicherung sogar den vollen Beitrag selbst.

Starke Rentenschichtung

Hinzu kommt eine starke Rentenschichtung. Sie fällt bei den Frauen mit einem Anteil der Renten unter 300 Euro von 26 % extrem aus (Männer nur 13,5 %). Der Anteil der Renten von mehr als 1.500 Euro beträgt gerade einmal 1,1 % (Männer 16,8 %). Letztlich spiegelt das die starke Spreizung der Arbeitseinkommen wieder.

Rentenarmut = Altersarmut

Auch wenn die deutschen Rentner durch die für Juli 2016 geplante "grösste Rentenanpassung seit der Jahrtausendwende" (so der Vorsitzende des Bundesvorstands der Deutschen Rentenversicherung, Alexander Gunkel, Ende Oktober 2015) einen Zuschlag in Höhe von vier bis fünf Prozent erhalten werden, bleibt das grundsätzliche Dilemma bestehen. Besonders vor Altersarmut müssen sich Menschen im Niedriglohnbereich oder mit langen Phasen von Arbeitslosigkeit fürchten. Das gilt ganz besonders für Frauen, auf die beide Übel schon wegen der durch Mutterschaft unterbrochenen Berufsentwicklungen besonders zutreffen. Männer haben im Durchschnitt im Altbundesgebiet um 75 % und in Gesamtdeutschland um 61 % höhere Renten[29].

Anders als einige andere Länder, wie z.B. Dänemark, hat Deutschland keine angemessenen Mindestrenten. Im Ergebnis bezogen Ende 2013 schon eine halbe Million Menschen über 65 Jahre Leistungen der Grundsicherung, weil ihre Rente und andere Einkünfte zum Leben nicht ausreichten. Wer heute zum Mindestlohn von 8,50 Euro arbeitet, muss im deutschen Rentensystem über 60 Jahre lang Vollzeit arbeiten, um auch nur auf ein Rentenniveau in Höhe der gesetzlichen Grundsicherung zu kommen. Wer auf die Grundsicherung angewiesen ist, lebt damit auf dem gleichen Niveau der Sozialhilfen, das Deutschland den jetzt in Millionenstärke ankommenden Flüchtlingen zahlt.

Der Grundgedanke der Riester-Reform, das sinkende Versorgungsniveau durch den Ausbau der betrieblichen und privaten Altersvorsorge auszugleichen, hat sich als nicht tragfähig erwiesen: Gerade die Versicherten mit niedrigen Rentenanwartschaften haben - trotz der staatlichen Förderung - am seltensten Ansprüche auf Leistungen der betrieblichen oder privaten Vorsorge. Um von der Riesterrente zu profitieren, muss man schon ohne Riester-Rente mindestens so viel Einkommen haben wie die Grundsicherung ausmacht - je nach Kommune meist rund 700 bis 800 Euro. Liegt das eigene Einkommen darunter, wird die Riester-Rente auf die Grundsicherung angerechnet und ist verloren. Arbeitnehmer, die lange Zeit nur den Mindestlohn bekommen, werden das nicht schaffen.

5. Internationaler Vergleich

Im internationalen Vergleich schneiden die deutschen Netto-Renten besonders nach kleinen Arbeitseinkommen mit einem Anteil am letzten Netto-Arbeitseinkommen von nur 53 % miserabel ab und landen auf dem vorletzten Platz unter 24 Vergleichsländern[30]. Der EU-Durchschnitt liegt bei 81 %. Die Dänen bringen es mit einer Mindestrente sogar auf 103 %.

4. Euro- und EU-Krise

Die Krise des Euro dauert bereits seit sieben Jahren an und schafft berechtigte Ängste. Denn die Versuche unserer Partner, möglichst viel der Lasten bei den angeblich so wohlhabenden Deutschen abzuladen, halten an. Ausserdem versucht die EZB, mit der für die deutschen Sparer so nachteiligen Niedrigstzinspolitik den Ländern im Süden der Eurozone zu helfen, nicht zuletzt Italien. Hier wurde so bereits jetzt ein gigantischer Transfer zwischen den Sparern im Norden und der Mitte Europas und den Schuldnern im Süden eingerichtet.

Die Niedrigzinspolitik der EZB ermöglicht es zudem den Krisenländern, ihre Schulden immer höher zu fahren, ohne dabei von steigenden Zinsen gebremst zu werden. Am Ende läuft Deutschland Gefahr, zur Rettung des Euros dafür einstehen zu müssen. Das gilt auch für die hohen Schulden der Banken in den Krisenländern, nachdem die EU-Kommission jetzt die gemeinsame Einlagensicherung der Banken vorantreibt und die Lasten auf das deutsche System zuschiebt, während die Partner in den Krisenländern noch keine ausreichenden Einlagensicherungssysteme aufgebaut haben.

Wie gross die Krise noch ist, zeigen die hohen Arbeitslosenquoten in vielen Ländern[18], von denen vor allem die jüngeren Menschen als verlorene Generationen betroffen sind. Auch sind viele Staatshaushalte weiterhin in hohen Defiziten[31] und fahren damit die schon gespenstische Staatsverschuldung[32] und auch die Targetsalden[33] des freien Anschreibens im Eurosystem noch weiter hoch. In Griechenland, Spanien und Portugal sind linke Regierungen an die Macht gekommen, die auf weitere Verschuldung setzen und damit nicht aus der Krise kommen werden. Griechenland wird noch in diesem Jahr einen weiteren Milliardenkredit brauchen. Auch Italien und Frankreich stecken in Dauerkrisen, wobei sich in Frankreich die eurofeindlichen Populisten des Front National unter Marine Le Pen der Macht nähern. Alle diese Länder bräuchten eine erhebliche Abwertung mit einer eigenen Währung.

Deutschland hat erkennbar wenig Einfluss auf diese Entwicklung. Der Vertreter der Bundesbank im Vorstand der EZB wird regelmässig überstimmt und wirkt damit hilflos. Helfen könnten nur eine geordnete Auflösung der Eurozone mit erheblichen Abwertungen der Währungen unserer Partner. Doch selbst die Bundesregierung versucht mit allen Mitteln, das zu verhindern. Merkels Mantra „Es gibt keine Alternative. Scheitert der Euro, scheitert Europa" klingt längst ähnlich hohl wie ihr „Wir schaffen das" bei der Flüchtlingskrise. Da keine Lösung in Sicht ist und die Eurokrise anhält, verbreitet sich in Deutschland Angst um die eigene finanzielle Zukunft.

Zu allem Überfluss hat die Eurokrise das Verhältnis der Partner so vergiftet, dass die von Deutschland in der Flüchtlingskrise eingeforderte Solidarität weitgehend auf taube Ohren stösst. Längst sind Euro- und Flüchtlingskrise zu einer Krise der EU geworden. Die EU-Kommission und viele Politiker sprechen schon von einem Auseinanderbrechen der EU. Das Verhalten der Osteuropäer und die Drohung Grossbritanniens mit einem Austritt tragen noch dazu bei. Die Deutschen sind besonders tief enttäuscht von der EU. Nach einer Umfrage im Auftrag der EU-Kommission blickt eine Mehrheit der Deutschen pessimistisch in die Zukunft der EU. In kaum einem anderen Land in der EU hat das Image der Europäischen Union im vergangenen Jahr so sehr gelitten wie in Deutschland: Im Mai 2015 hatten noch 45 % der Befragten in Deutschland geantwortet, sie hätten insgesamt ein positives Bild von der EU. Im vergangenen November waren es nur noch 34 %, wie aus dem Eurobarometer hervorgeht[34].

Auch diese Situation um den Euro und die EU ist zu einem erheblichen Angstfaktor in Deutschland geworden. Wer, wie der Autor, in einer Generation groß geworden ist, die zu Zeiten der deutschen Teilung alle Hoffnungen auf die Europäische Integration setzte, wird erst recht besorgt sein. Gibt es noch eine zweite Chance für die EU, vielleicht nachdem der alles vergiftende Euro abgeworfen wurde? Vielleicht auch nur eine Chance mit einer EU in zwei Geschwindigkeiten? Begreifen die europäischen Eliten, daß sie den Graben zu den Problemen der Bürger nicht immer größer werden lassen dürfen, damit nicht am Ende Populisten mit einfachen Formeln alles zerstören können?

5. Migration

Derzeit sind etwa 60 Millionen Menschen weltweit auf der Flucht, die höchste Zahl, die der UN-Flüchtlingsrat jemals verzeichnet hat. Soweit sie zu einem kleineren Teil in die entwickelten Industrieländer strömen, wollen sie in Länder, die ihre eigenen schweren Sozialprobleme nicht gelöst haben (siehe Kapitel 1).

Deutschland hat im vergangenen Jahr 1,1 Mio. Menschen aufgenommen, die sich als Flüchtlinge ausgaben und Asyl verlangten. Für 2016 erwartet die europäische Grenzschutzagentur Frontex eine ähnlich hohe Zahl. Der Chef Leggeri meinte: „Solange das Morden in Syrien weitergeht, kommen Flüchtlinge. Es wäre schon viel erreicht, wenn wir ihre Zahl stabil halten können. Das sind immer noch eine Million Flüchtlinge im Jahr, ich kenne die Mathematik." Die Erwartung dürfte schon deshalb zutreffen, weil nun auch der illegale Familiennachzug anlaufen wird, nachdem der legale in Deutschland zunächst teilweise um zwei Jahre aufgeschoben werden soll. Nach Unicef liegt der Anteil von Frauen und Kindern an der griechisch-mazedonischen Grenze inzwischen bei 60 %.

Insgesamt hatte Deutschland schon 2015 nach Schweden den höchsten Anteil von Migranten an der Gesamtbevölkerung, noch vor den klassischen Einwanderungsländern USA und Grossbritannien. Nach der Begrenzung in Schweden und mit dem dortigen Abschiebeprogramm wird Deutschland wahrscheinlich international die Spitze übernehmen. Die skandinavischen Länder haben inzwischen dicht gemacht. Österreich hat eine Obergrenze beschlossen. Deutschland ist mit seiner Politik immer noch offener Grenzen in der EU total isoliert und zum Ärgernis für seine Partner geworden, zumal nun auch die Schengenzone auf dem Spiel steht.

Die Weiterverteilung von Flüchtlingen in der EU kommt nicht voran, ebenso nicht der Schutz der Aussengrenze durch Griechenland. Die Türkei lässt die Boote weiterhin ziemlich unbehindert von seinen Ufern ablegen, trotz schlechten Wetters und seeuntauglichem Gerät. Auf Merkels Angebot eines Abkommens zur Begrenzung der Zuwanderung nach Europa reagiert die Türkei mit weiteren Geldforderungen und verlangt Einfluss auf die Auszahlung, während die EU die Hilfen für Flüchtlinge nur schrittweise und nach strenger Bedarfsprüfung auszahlen will. Die Bundesregierung verspricht neuerdings, die Voraussetzungen für die Abschiebung straffälliger Flüchtlinge in die Türkei zu schaffen, kann aber nicht einmal straffällige Türken dorthin abschieben. Sie will auch nach Afghanistan abschieben, doch die dortige Regierung will nur die Rückführung in 3 der 34 Provinzen zulassen und Alte, Kranke und Kinder ausnehmen. Eine Senkung der Flüchtlingszahlen nach der Winterperiode ist damit nicht in Sicht.

Nach Auskunft des Ersten Vizepräsidenten der EU-Kommission, Frans Timmermans, zuständig auch für Flüchtlingspolitik, stammten auf der Basis der Zahlen von Frontex für den Monat Dezember 2015 nicht weniger als 60 % der Menschen aus Ländern, bei denen man annehmen kann, dass sie keinen Grund haben, einen Flüchtlingsstatus zu beantragen. Durch das einseitige Hereinwinken von „Flüchtlingen" wäre also Deutschland in starkem Umfang mit Wirtschaftsmigranten überlastet worden. Deren Abschiebung wird nun sehr schwer und teilweise wegen Abtauchens in die Illegalität oder mangelnder Kooperation der Herkunftsländer unmöglich oder bei immer noch weitgehend offenen Grenzen sinnlos sein und sich in jedem Fall über viele Jahre hinziehen. Im Übrigen kamen bisher die meisten Migranten nicht als Menschen, die um ihr Leben fürchten mußten, direkt aus den Kriegsgebieten sondern aus sicheren, von auch schlecht versorgten Lagern in den Nachbarstaaten Syriens.

Die meisten Migranten aus dem arabischen Raum, Afghanistan und Afrika kommen mit einem sehr schlechten Bildungsniveau und ohne berufliche Vorbildung und sind schon deshalb kaum in den Arbeitsmarkt integrierbar, zumal für gering Qualifizierte nur wenig offene Stellen vorhanden sind (siehe unten). Daimler-Chef Zetsche, der sich in öffentlichen Erklärungen im September 2015 von den Flüchtlingen ein neues Wirtschaftswunder versprach und meinte, genau solche Menschen suchten sie bei Mercedes, hat in seinem Unternehmen bisher kaum Flüchtlinge als Lehrlinge eingestellt: bei 6.500 Lehrstellen wurden gerade einmal 40 Asylbewerber aufgenommen. Sehr viele Migranten ziehen es zudem vor, ohne Lehre schnell Geld zu verdienen, oder brechen eine bereits aufgenommene Lehre wieder ab.

Grosse Ängste sind inzwischen entstanden, weil die Regierung keinen überzeugenden Plan hat, wie die Integration so vieler Menschen aus völlig fremden Kulturen gelingen kann, und weil bei weiterhin offenen Grenzen mit immer mehr Migranten gerechnet werden muss. Schon die Misserfolge mit der Integration der türkischen Gastarbeiter, die seinerzeit immerhin noch sofort Arbeit fanden und doch heute zu grossen Teilen abgegrenzte Parallelgesellschaften bilden, sorgen für starkes Misstrauen gegenüber dem gebetsmühlenartigen „Wir schaffen das" der Bundeskanzlerin. Die Vorkommnisse in der Sylvesternacht und die anfängliche Falschinformation durch amtliche Stellen und Medien haben diese Ängste noch erheblich geschürt. Nach der Allensbachumfrage vom Januar 2016 fürchten inzwischen 73 %, dass immer mehr Flüchtlinge ins Land kommen. Fast zwei Drittel der Befragten wollen nach ARD-Deutschlandtrend vom Februar eine Obergrenze für Flüchtlinge und 81 % der Befragten haben den Eindruck, die

Regierung habe die Flüchtlingssituation in Deutschland nicht im Griff.

Die Ängste werden nicht zuletzt durch die bevorstehende erbitterte Konkurrenz um Arbeitsplätze, bezahlbaren Wohnraum und soziale Leistungen geschürt. Das gilt umso mehr, als von vielen Seiten inzwischen Ausnahmen vom Mindestlohn für Flüchtlinge gefordert werden und beim sozialen Wohnungsbau schon jetzt starke Defizite bestehen. Ausserdem sind die deutschen Schulen nicht auf die zusätzliche Belastung vorbereitet. In dem Masse, wie Eltern mangels Kasse ihre Kinder nicht auf teure Privatschulen schicken können, werden die in den von der Migration besonders betroffenen Großstadtvierteln in Klassen mit vielen Kindern unterrichtet werden müssen, die oft die deutsche Sprache oder Schrift nicht richtig beherrschen oder von ihrer Herkunft her andere starke Bildungsmängel aufweisen. Das allgemeine deutsche Schulniveau kann dann dort nur weiter leiden.

Die Angst auch der Regierenden vor dem Ansturm der Flüchtlinge auf ohnehin sozial benachteiligte Viertel der Großstädte ist so gross geworden, dass von vielen offiziellen Seiten eine dauerhafte Residenzpflicht selbst für anerkannte Asylsuchende fern dieser Großstadtviertel gefordert wird. Ob sie wohl durchsetzbar wäre?

Angesichts der erkennbar mangelhaften Vorbereitung der Polizei, fürchten sich die Menschen vor sich ausbreitender Kriminalität. Bei einer Forsa-Umfrage gab fast jede fünfte Frau an, sie sei nun vorsichtiger oder misstrauischer; ein Teil von ihnen meidet Grossveranstaltungen. Es scheint einfach so zu sein, als falle es Europa besonders schwer, muslimische Migranten aus dem arabischen Raum, Afghanistan und Afrika oder der Türkei zu integrieren. Gerade sie leben meist in Parallelgesellschaften der Großstädte, ob in Berlin, im Ruhrgebiet, in Paris oder Brüssel. Schon 2013 zeigte eine Umfrage in Deutschland, dass 51 % der Befragten im Islam eine Bedrohung ihrer Lebensart sahen. Die Behauptung des seinerzeitigen Bundespräsidenten, der Islam gehöre zu Deutschland, stiess auf sehr verbreiteten Widerstand.

Eines der grössten Probleme, das mit der Migration verbunden ist und das seinerseits für Ängste sorgt, ist das Erstarken des in Deutschland totgeglaubten Rechtsextremismus und der Gewaltbereitschaft gegen Flüchtlingsheime. Diese Gefahr für unsere Demokratie wird noch erheblich zunehmen, wenn die Zuwanderung nicht gebremst wird oder wenn am Ende die Migranten zur besseren Integration Vorfahrt gegenüber Einheimischen erhalten. Man muß sich dazu nur noch drei weitere durchaus wahrscheinliche Entwicklungen vorstellen: ein wenn auch kleiner Teil der Migranten steigt nach Asylablehnung in die Illegalität ab und lebt von Bandenkriminalität oder die Migranten werden in einigen Großstädten in einigen Jahren zu Mehrheiten und beginnen, ihre Interessen ohne Rücksicht auf deutsche Minderheiten durchzusetzen, oder schließlich es kommt zu einer weiteren ernsten Krise mit hoher Arbeitslosigkeit, wobei die Migranten über den Schwarzmarkt in großem Stil zu Lohndrückern würden.

Man sollte auch nicht vergessen, dass die deutsche „Willkommenskultur" auf dem multikulturellen Experiment aufbaut, dass in der deutschen Mittelklasse und bei den Grünen nahestehenden Wählern schon vor vielen Jahren populär geworden ist. In diesem Sinne verbindet sich die „Willkommenskultur" mit der Globalisierung der Welt, in der unterschiedliche Kulturen oder gar Religionen keine Rolle mehr spielen und störende Nationalgefühle verschwinden sollen.

Dementsprechend rührt Anton Börner, Chef des Verbands für den Groß- und Außenhandel und Oberlobbyist für den deutschen Export und für immer mehr Globalisierung, gegen jede Schließung der Grenzen nach schwedischem Beispiel gewaltig die Trommel. Er tut dabei so, als ginge es um eine totale Grenzschließung für den internationalen Handel: „Wenn ein EU-Land nach dem anderen seine Grenzen schließen würde, käme das einem Rückfall zuerst in den Nationalismus und dann in Protektionismus gleich. Die Folgen für die europäische Wirtschaft wären gravierend. In Deutschland würde die Arbeitslosigkeit wieder steigen, mittelfristig wäre unser Rentensystem nicht mehr finanzierbar. Dann stünden wir wieder da, wo wir am Ende des 19. Jahrhunderts schon einmal waren." Und auf die Frage der ZEIT, ob Deutschland eine weitere Million verkraftet: „Ja, eindeutig ja. Wir können diese Menschen gebrauchen." Und dann noch: „Angst ist ein klassisches deutsches Phänomen. Die Deutschen haben fast immer vor allem Angst." Hier verraten sich starke einseitige Interessen im Hintergrund der deutschen „Willkommenskultur".

Als sich die Bundesregierung am 25. August 2015 entschloss, unter Bruch der Dublin-Vereinbarung Ausländer auf der Balkanroute in unbegrenzter Zahl über die deutsche Grenze zu lassen, da hatte sie bereits wochenlang Zeit gehabt, sich auf die ansteigende Migrationswelle vorzubereiten, denn die stieg seit Monaten und hatte schon im Juli 80.000 Menschen über das Mittelmeer nach Europa gebracht. Sie hatte auch nach dieser Entscheidung noch Wochen gebraucht, bis unter dem Druck der besorgten Bevölkerung und der bayerischen Regierung wenigstens die Grenzkontrollen an der österreichischen Grenze wieder eingeführt wurden. Dabei hätte die nach der Verfassung auf das Wohl des deutschen Volkes verpflichtete Bundesregierung frühzeitig bedenken müssen:

> Unkontrolliert hereinkommende Migranten sind nach allen Erfahrungen nur äußerst schwer wieder abzuschieben, wenn sie erst einmal in Deutschland verteilt sind.

> Die Migranten würden meist mit sehr wenig Bildung, anderer Sprache und Schrift (wenn nicht gar als Analphabeten) und aus völlig anderen Kulturen kommen und wären daher nur schwer in einen Arbeitsmarkt zu integrieren, der wegen der fortschreitenden Automatisierung immer weniger Stellen für gering Qualifizierte bietet.

> Die Migranten würden sich in Parallelgesellschaften der Großstädte sammeln und nach allen Erfahrungen mit früherer Einwanderung aus muslimischen Länder kaum oder nur sehr schwer integrierbar sein.

> Die Migranten würden zu Konkurrenten für sozial benachteiligte einheimische Bevölkerungskreise werden und dort entsprechende, teilweise gewaltsame Widerstände hervorrufen.

> Der derzeit noch relative gute deutsche Arbeitsmarkt kann jederzeit in einer neuen Krise wieder umkippen und dann den Wettbewerb mit der heimischen Bevölkerung noch schärfer machen, bzw. die Integration zusätzlich erschweren.

Weitere Fakten:

Kaum schulische oder berufliche Vorbildung

Nach bisherigen Erfahrungen dauert es 10 Jahre bis wenigstens 60 % der Flüchtlinge am Arbeitsmarkt in was auch immer einer Form ankommen[36]. Bei einer amtlichen Befragung von Asylberechtigten und anerkannten Flüchtlingen aus Afghanistan, Eritrea, Irak, Iran, Sri Lanka und Syrien im Alter zwischen 18 und 69 Jahren, die ihren ersten Asylantrag schon zwischen 2007 und 2012 gestellt haben und damit schon viele Jahre lang in Deutschland leben, waren nur 40 % erwerbstätig, bei Syrern sogar nur 26,5 %[37], wobei die Qualität der Jobs nicht nachgefragt wurde. Geflüchtete Frauen partizipieren nur in sehr geringem Ausmass und deutlich seltener als Männer am deutschen Arbeitsmarkt.

In den traditionellen Herkunftsregionen der Migration nach Westeuropa wie in Südosteuropa, Nordafrika und im Mittleren Osten sind die Beteiligungsraten der jeweils relevanten Jahrgänge an der tertiären Schul- und Hochschulausbildung sehr viel geringer als in der EU (der15)[38]. Mit dem Pro-Kopf-Einkommen sinken dort auch die Investitionen in das Humankapital. Nur der Mittelstand aus Syrien und Afghanistan wandert derzeit mit einem etwas besseren als dem traditionellen Bildungsniveau aus. Laut einer internen Präsentation der Bundesarbeitsagentur besitzen rund 80 % aus der derzeitigen Zuwanderungswelle keinerlei formale Berufsqualifikation.

In muslimischen Ländern ist vor allem die Ausbildung bei Frauen sehr gering. Der Anteil der Frauen mit berufsqualifizierendem Abschluss lag 2012 für Frauen aus dem Nahen und Mittleren Osten bei nur 41,7 %, für Frauen aus der Türkei sogar nur bei 17,9 % gegenüber 65 % für Frauen ohne Migrationshintergrund[39]. Dabei wirkt der niedrige Bildungshintergrund der Eltern noch über Generationen nach. Das zeigte schon der Mikrozensus von 2009: Kinder aus der ersten Migrantengeneration stammten zu 25 % von Eltern mit niedrigem Bildungsstatus ab. Doch auch Kinder der zweiten bzw. dritten Migrantengeneration hatten noch zu 26 % Eltern mit niedrigem Bildungsstatus. Das verglich sich mit einem Anteil von nur 6 % bei Kindern ohne Migrationshintergrund. Vor allem bei Herkunft aus der Türkei und dem ehemaligen Jugoslawien sind die Anteile von Kindern, deren Eltern nur einen niedrigen Bildungsabschluss haben mit 45 % bzw. 33 % sehr hoch[40]. Nur 20 % der Kinder mit türkischem Hintergrund wird von der Schule der Übergang aufs Gymnasium empfohlen, viel weniger als die 49 % bei Kindern ohne Migrationshintergrund.

Berufsbildung ist für den Zugang zum Arbeitsmarkt entscheidend, denn nur noch 14 % der Arbeitsplätze in Deutschland sind für Geringqualifizierte geeignet. Gerade hier legt ein grosser Teil der Flüchtlinge die Bremsen ein und will nur schnell in Hilfsjobs Geld verdienen;

teilweise drängen die zu Hause gebliebenen Angehörigen auf Geld. Nach Angaben von Raimund Becker, Vorstandsmitglied der Bundesagentur für Arbeit, ist den Schutzsuchenden der hohe Stellenwert von beruflicher Ausbildung in Deutschland nicht bewusst. Christian Rauch, Chef der Regionaldirektion der Arbeitsagenturen in Baden-Württemberg, berichtet, dass die Arbeitsvermittler in Gesprächen mit arbeitsberechtigten Flüchtlingen bisher nur etwa 20 % von den Vorteilen einer Lehre hätten überzeugen können. In Bayern haben 70 % der Flüchtlinge, die im September 2013 eine Ausbildung begannen, sie inzwischen wieder abgebrochen.

Das Versagen Griechenlands

Nach einem vertraulichen Bericht des Gemeinsamen Analyse- und Strategiezentrums Illegale Migration (Gasim), sind viele Asylsuchende, darunter Kinder, in Griechenland obdachlos und leben in "prekären Verhältnissen". Diese Bedingungen seien womöglich politisch sogar gewollt, weil sie die Migranten veranlassten, Griechenland schnellstmöglich „in Richtung anderer EU-Mitgliedstaaten zu verlassen", heisst es in dem Papier. Ursächlich dafür seien unter anderem die niedrigen Bearbeitungskapazitäten der griechischen Asylbehörde. Von den 300 Arbeitsplätzen des Amtes sind lediglich 128 mit sogenannten Entscheidern besetzt. In der Folge komme es zu enormen Wartezeiten für Flüchtlinge, teilweise dauere die Bearbeitung der Asylbegehren einige Jahre.

In dieser Zeit aber würden die Menschen "im Alltag" weder finanziell noch materiell unterstützt, so die Fachleute des Gasim. Auch liege die Ablehnungsquote für Asylanträge mit 75 Prozent in Griechenland deutlich höher als in vielen anderen EU-Staaten. Allein reisende Minderjährige würden zudem "unter Gefängnisbedingungen festgehalten".

Dem Gasim-Report zufolge erreichte zuletzt eine grosse Zahl Nordafrikaner Griechenland. Die Marokkaner, Algerier und Tunesier gaben demnach dort vor, aus dem Irak oder aus Syrien zu stammen. Ihr Ziel sei es, auf diesem Weg eine griechische Registrierungsbescheinigung zu erlangen, die eine Weiterreise auf der Balkanroute ermögliche. Mazedonien, Serbien und Kroatien lassen Flüchtlinge nur noch passieren, wenn diese erklärtermassen nach Deutschland oder Österreich wollen.

Auch im Bericht der EU-Kommission heisst es: "Griechenland vernachlässigt seine Pflicht, an den Aussengrenzen Kontrollen durchzuführen, in gravierender Weise." So erfolge eine Überprüfung der Identität eines Einreisenden, wenn überhaupt, fast immer ausschliesslich anhand der Papiere, die der Flüchtling bei sich führe. Doch selbst diese gleichen griechische Grenzpolizisten laut EU nicht mit dem Fahndungsbestand im Schengener Informationssystem oder den Datenbanken von Interpol ab. Auch Fingerabdrücke würden nur vereinzelt mittels Papier und Tinte genommen und erst später eingescannt, so die EU-Ermittler. Häufig reiche die Qualität dieser Scans nicht aus, um die Identität eines Flüchtlings zu erkennen. Zwischen dem Abnehmen der Fingerabdrücke und dem Hochladen können zehn Tage vergehen. Häufig aber sind die Flüchtlinge da längst weg.

Kosten der Migration

So wie eine private Versicherungsgesellschaft auf Gegenseitigkeit in Schwierigkeiten geriete, wenn sie zunehmend schlechte Risiken mitversichern müsste, wird auch der Sozialstaat bei einer freien Immigration der Bedürftigen lädiert, wie Ex-Ifo-Präsident Sinn in einem Interview vom Februar ziemlich überzeugend ausführt. Sicher, es könnte theoretisch sein, dass junge und gebildete Migranten zu uns kommen, die den Staat finanziell unterstützen, statt ihn zu belasten. Aber das sei leider nicht der Fall. Sinn bezieht sich dann auf Studien von Prof. Bernd Raffelhüschen von der Universität Freiburg. Raffelhüschen sei der deutsche Experte für das sogenannte Generational Accounting, der einzigen verlässlichen, sogar vom US-Kongress anerkannten Methode, um solche Effekte zu messen.

Bernd Raffelhüschen hat berechnet, dass eine Million Flüchtlinge den deutschen Staat per Saldo und auf die Dauer 450 Milliarden Euro kosten würden. Dabei unterstellt er, dass sie nach sechs Jahren so integriert würden, wie es die bislang schon in Deutschland anwesenden Alt-Migranten im Durchschnitt sind. Bereits die Alt-Migranten kosten den Staat per Saldo viel Geld, weil sie unterdurchschnittliche Markteinkommen haben und deshalb von der Umverteilung des Sozialstaats profitieren. Und die neuen Migranten werden noch teurer als die alten, weil sie erst noch integriert werden müssen. Nur zur Erinnerung: 450 Mrd. Euro entspräche pro Kopf jedes deutschen, in Vollzeit sozialversicherungspflichtig Beschäftigten etwa 20.000 Euro oder dem gesamten deutschen Aufkommen aus der Lohnsteuer von zweieinhalb Jahren. Es wäre praktisch so etwas wie eine Enteignung ohne Gesetz oder per Notverordnung ohne parlamentarische Zustimmung.

Wie wichtig die Integration ist, zeige Professor Raffelhüschen anhand einer fiktiven Rechnung. Gesetzt den Fall, die eine Million Flüchtlinge, die bislang zu uns kamen, hätten bei gleicher Altersstruktur über die durchschnittliche Ausbildung der in Deutschland bereits ansässigen Bevölkerung verfügt und wären sofort einsetzbar. Dann würden sie dem deutschen Staat einen langfristigen Einnahme-Überhang verschaffen, der einem Versicherungswert von 300 Milliarden Euro entspricht.

Und immer mehr aus Afrika

Die derzeitige deutsche Diskussion um eine eventuelle Begrenzung der Flüchtlingsflut wirkt schon fast gespenstisch, wenn man sie an dem misst, was Europa in den kommenden Jahrzehnten vor allem aus dem benachbarten Kontinent Afrika zu erwarten hat. Dort leben zurzeit 1,2 Milliarden Menschen. Die Geburtenraten von Kindern pro Frau sind vor allem in den islamischen Ländern Afrikas enorm hoch, in Subsahara-Afrika, wo die meisten Afrikaner leben, dreimal höher als in Europa. Daher wird die afrikanische Bevölkerung nach den Voraussagen des UN Bevölkerungsprogramms in nur 35 Jahren bereits auf 2,5 Milliarden angestiegen sein oder mehr als doppelt so viele wie heute. Die unter 25 Jahre werden von derzeit 0,7 Milliarden auf 1,3 Milliarden zunehmen. Dann würden 37 % aller Menschen der Welt unter 25 Jahre allein in Afrika leben. In Subsahara-Afrika wird sich die Bevölkerung bis 2050 auf das 2,2-Fache, in Nordafrika um fast die Hälfte erhöhen, während sie in Deutschland um 12 % fallen soll. Das sind viele Zahlen. Doch sie sind auch für unsere Zukunft enorm wichtig.

In vielen Ländern Afrikas ist die Arbeitslosenrate, soweit sie von der ILO überhaupt erfasst wird, schon jetzt sehr hoch. Das gilt vor allem für Jugendliche: Unter männlichen Jugendlichen Nordafrikas ist sie mehr als dreimal so hoch wie unter männlichen Erwachsenen, unter weiblichen sogar mehr als sechsmal. Fast 20 % der Arbeitnehmer in Nordafrika müssen mit ihren Familien von weniger als 2 $/Tag leben. In Subsahara-Afrika ist noch viel schlimmer. In Algerien sind 70 % jünger als 30 Jahre und wird die Jugendarbeitslosigkeit selbst amtlich mit 25 % angegeben, liegt aber wahrscheinlich noch viel höher. In Marokko beträgt das Durchschnittsalter gerade einmal 28 Jahre bei einer Jugendarbeitslosigkeit in den Städten von 40 %.

Angesichts der Begrenzung der Arbeitsplätze und der Ernährungssituation sowie anhaltender Bürgerkriege und oft brutaler Unterdrückung werden in den kommenden Jahrzehnten sehr viele Afrikaner zur Auswanderung gezwungen sein, um zu überleben. Die Hauptauswanderungsrichtung wird das benachbarte Europa sein. Die klassischen Einwanderungsländer USA, Kanada und Australien werden ihre Grenzen dicht halten. Nach Asien oder Südamerika werden die Auswanderer aus Afrika kaum ziehen wollen oder können. Es bleibt also nur Europa als sicherer Hafen für Flüchtlinge aus materieller Not und solche aus Bürgerkriegen. Prof. Gunnar Heinsohn, der Militärdemographie am NATO Defense College (NDC/Rom) und an der Bundesakademie für Sicherheitspolitik (BAK/Berlin) lehrt, verweist auf eine globale Gallup-Umfrage von 2009. Schon damals wollten 38 % der in den Subsahara-Ländern Befragten dauerhaft auswandern, wenn sich die Gelegenheit dafür ergäbe, der weitaus grösste Anteil um den Globus herum. Bis zum Jahr 2050 dürfte der Anteil der Auswanderungsinteressierten noch erheblich zugenommen haben.

Selbst wenn er nicht weiter stiege und nur die Hälfte der 2009 an der Auswanderung Interessierten den Plan bis dahin umsetzen würde, wären das bei einer Gesamtbevölkerung von 2.1 Mrd. Menschen, die dort um das Jahr 2050 leben sollen, mehr als 400

Mio. Menschen oder 19 % der Gesamtbevölkerung. Allein durch die Zuwanderung aus Subsahara-Afrika würde sich die Bevölkerung in Europa um 60 % erhöhen, die Deutschlands bei einer weiter einseitigen Verteilung noch viel mehr. Wie erwähnt, wird dabei unterstellt, dass nur ein sehr kleiner Teil in Länder ausserhalb Europas auswandern kann oder will.

Je mehr Flüchtlinge Europa jetzt aufnimmt, umso grösser auch der Sog auf Afrika. Die deutschen Willkommenssignale werden im Zeitalter der globalen Digitalisierung in Afrika ebenso empfangen wie in den Flüchtlingslagern der Syrer oder in Afghanistan. Beispielsweise leben in den Zelten des Flüchtlingslagers Dadaab in Kenia allein 300.000 Menschen. Es sind vor allem Flüchtlinge aus Somalia, wo seit 1994 der Bürgerkrieg tobt. Nun droht die kenianische Regierung mit der Schließung des Lagers. Im Südsudan sind derzeit wegen der Kämpfe nach UN-Angaben mindestens 30.000 Menschen vom Hungertod bedroht. Die Fluchtwege aus Afrika an das Mittelmeer sind bereits breit getrampelt.

6. Kriminalität und Gewalt, Kriege

Kriminalität und Gewalt sind keine neuen Erscheinungen und auch die Angst davor existiert seit jeher. Neu und angstverstärkend ist die Zahl der globalen Konflikte, der damit verbundene menschenverachtende Terror muslimischer Fanatiker, die Unruhe, die über Europa im Konflikt mit Russland ausgebrochen ist, und der militärische Einsatz der Bundeswehr, der die Konflikte durch Terroranschläge jederzeit direkt nach Deutschland, wie zuvor schon in andere europäische Länder, bringen kann. Der Bundeswehreinsatz in Afghanistan hat viele Menschenleben gekostet aber keinen Frieden gebracht. Mit den Flüchtlingen sind die entsetzlichen Kriege des Nahen Ostens direkt vor unsere Haustür gekommen. Der Konflikt in Syrien, der schon weit mehr als 100.000 Menschen das Leben gekostet hat, scheint trotz aller Bemühungen diplomatisch kaum lösbar. Dabei gibt es auch in Asien um Nordkorea und China herum genügend Konfliktfelder, die in Kriege ausarten können. Und Deutschland verzeichnet einen neuen Rekord beim Export von Kriegswaffen in die Dritte Welt[41].

Die Friedensbewegung, die noch zu Zeiten des Kalten Krieges die Ängste für viele Menschen kanalisieren konnte, ist in dem neuen Gefahrenpanorama machtlos. Das „Nie wieder Krieg!" der Käthe Kollwitz von 1924 erscheint nur noch als frommer Wunsch. Der Wandel, wenn man mit der Euphorie nach dem Fall der Mauer vergleicht, ist geradezu dramatisch. Nach der neuen Allensbach-Umfrage zu Beginn dieses Jahres haben 82 % der Deutschen Angst vor Gewalt, nur ein halbes Jahr zuvor waren es noch 60 %. Dazwischen liegt das Flüchtlingsschicksal mit den Trecks nach Deutschland und liegt der Terroranschlag von Paris. In Deutschland werden nun immer wieder terrorverdächtige IS-Kämpfer entdeckt, die über die Balkanroute ohne größere Kontrollen nach Deutschland gekommen sind und hier in Flüchtlingslagern wohnen. Auch das schürt Ängste.

Hinzugekommen ist noch die Gewalt, die von Flüchtlingen in der Sylvesternacht ausgegangen ist und die besonders Frauen stark verunsichert hat (siehe Kapitel 5). Eine noch kleine, aber wachsende Minderheit versucht, sich das Gefühl von Sicherheit zu kaufen, indem sie sich bewaffnet. So wurden in Köln in den ersten Januarwochen 1.200 Waffenscheine, rund drei Mal so viele wie im gesamten vergangenen Jahr, beantragt und hat sich in Bayern und Sachsen die Zahl der Anträge vervielfacht.

Aber noch viel schlimmer ist die Gewalt, mit der Rechtsradikale auf Flüchtlingsheime reagieren und die das Leben von Flüchtlingen gefährdet. Die Zahl rechtsextremer Veranstaltungen ist stark angestiegen, ebenso die der Angriffe auf Flüchtlingsheime (siehe unten). Gerade diese Entwicklung macht vielen Menschen besonders viel Angst.

Weitere Fakten:

Aufmärsche une Gewalt von Rechtsradikalen

Die Zahl rechtsextremen Veranstaltungen und von Angriffen auf Flüchtlingsheime ist stark angestiegen - ein böser Vorbote, auf was in Deutschland noch bevorstehen kann. So fanden im vierten Quartal des vergangenen Jahres bundesweit mehr als doppelt so viele Aufmärsche und Kundgebungen statt wie im Quartal zuvor (95 auf 208). Die Zahl der Teilnehmer hat sich innerhalb dieser wenigen Monate sogar mehr als verdreifacht (10.600 auf 35.900). Insgesamt fanden im vergangenen Jahr 590 Aufmärsche von Nazi-Gruppen oder rechtsextremen Pegida-Ablegern statt, zu denen gut 100.000 Besucher kamen, eine Verfünffachung gegenüber 2014[42]. Das Bundesinnenministerium hat für die Statistik alle Veranstaltungen gezählt, die von rechtsextremen Parteien und Gruppierungen wie der NPD, ihrer Jugendorganisation JN, der Partei "Die Rechte" oder dem "Dritten Weg" angemeldet worden waren. Auch die Aufmärsche von Kameradschaften flossen mit ein.

Nach Zahlen des Bundeskriminalamts (BKA) ist die Gewalt gegen Asylbewerberheime im vergangenen Jahr sprunghaft angestiegen ist. Insgesamt 163 Gewalttaten meldet die Behörde für 2015. Damit hat sich die Zahl innerhalb eines Jahres mehr als verfünffacht. Im vergangenen Jahr waren 28 Gewaltdelikte gegen Asylbewerberunterkünfte verübt worden - damals ein historischer Höchststand. Gesicherte Erkenntnisse darüber, wie viele Menschen bei den Anschlägen im vergangenen Jahr verletzt wurden, liegen nicht vor. Todesfälle gab es bisher nicht.

Besonders der steile Anstieg von Brandanschlägen gibt Anlass zur Sorge. 76-mal wurde im vergangenen Jahr in Flüchtlingsunterkünften Feuer gelegt. Hinzu kommen elf versuchte Brandstiftungen. Zum Vergleich: 2014 gab es sechs Brandanschläge auf Asylbewerberheime.

Auch insgesamt stieg die Zahl der Straftaten gegen Flüchtlingsheime deutlich an. Bis zum 11. Januar zählte das BKA 924 Delikte - mehr als das Vierfache des Vorjahres[43]. Den größten Teil machen Sachbeschädigungen aus (347 Fälle). Es folgen Propagandadelikte (186 Fälle) und Volksverhetzung (104). Die Zahlen sind vorläufig - weitere Aktualisierungen können folgen. In den vergangenen Jahren sind die Zahlen durch Nachmeldungen zum Teil noch deutlich angestiegen.

Soweit Täter festgenommen werden konnten, handelt es sich meist um bisher unbescholtene Bürger. Das erschwert die Strafverfolgung und die Verhinderung solcher Gewalttaten zusätzlich.

Laut einer Befragung des Meinungsforschungsinstituts YouGov vom Februar 2016 hält es mehr als jeder vierte Befragte (29 %) für gerechtfertigt, unbewaffnete Flüchtlinge mit Waffengewalt am Grenzübertritt zu hindern (für nicht gerechtfertigt halten dies 57 %, keine Angaben machten 14 %). Auch dieses Ergebnis ist sehr beunruhigend und ein böses Omen.

Zur Diskussion um Höchstgrenzen für Flüchtlinge

Eine Begrenzung der Zuwanderung wird angesichts der Grenzenlosigkeit des Flüchtlingsstroms kaum vermeidbar sein. Sie wäre auch für die schon hier Eingetroffenen von Vorteil. Deren Chancen auf Integration würden mit immer mehr Neuankömmlingen verschlechtert. Auch würde die Stimmung immer mehr gegen Migranten, auch die schon bei uns eingetroffenen, umschlagen. Bundespräsident Gauck hat mit seiner im WDR-Interview vom Februar 2016 vorgetragenen Forderung nach einer offenen Diskussion über die Begrenzung des Flüchtlingszuzugs, wobei er auch Gewalt gegen Flüchtlinge anspricht, passende Worte gefunden:

„Es kann zwar politisch nützlich sein, Begrenzungsstrategien zu entwickeln. Aber ich habe noch etwas dazugesetzt – dass es auch ethisch geboten sein könnte. Und das ist natürlich eine gewagte Aussage, denn normalerweise muss einer, der das Gute will, und das will einer, der ethischen Weisungen folgt, er muss ein großes weites Herz haben und möglichst vielen Menschen helfen wollen. Und jetzt habe ich mich gefragt: Wie halten wir dieses Land in der Situation, in der es ist. Es ist ein solidarisches Land, und es wird übrigens ein solidarisches Land bleiben, was auch immer die Politik entscheidet. Aber wenn in der Mehrheitsgesellschaft das Gefühl dafür, dass Solidarität unser Lebensatem ist, wenn das schwinden würde, und aus Angst und Abwehr sich eine kollektive Identität entwickeln würde, die immer nur schreit "Das Boot ist voll" – dann hätten wir eben auch ein moralisches Problem und nicht nur ein politisches. Und deshalb bin ich dann zu der Überzeugung gelangt, dass es in der Bemühung, möglichst vielen helfend zur Seite zu stehen, begründet sein kann, dass man nicht allen hilft.

Tatsache ist aber, dass es sich gezeigt hat, dass wir das Für und Wider offen und öffentlich besprechen müssen. Und in dieser Phase befinden wir uns gerade. Ich habe vor einigen Wochen gesagt: Bitte, wir wollen mal aus der Mitte heraus, wir wollen mit den solidarischen Bürgermeistern, mit den freiwilligen Helfern, mal das diskutieren, was am rechten Rand Brandstifter und Hetzer diskutieren. Und wir wollen mal unsere Bevölkerung anschauen und diejenigen trennen, die einfach Sorgen haben – "Ja, wo geht es denn hin?" und "Können wir das schaffen?" – von denen, die voller Fremdenfeindlichkeit und Ressentiments sind und schon mal vorab einen Molotowcocktail auf eine Flüchtlingsunterkunft schmeißen. Und aus diesem Grund halte ich es für richtig, dass wir angefangen haben, aus der Mitte der Gesellschaft heraus, das Für und Wider und auch das Maß an Aufnahmebereitschaft zu diskutieren.

Keine höheren allgemeinen Kriminalitätsraten bei Neu-Migranten

Nach Feststellungen der in Braunschweig eingerichteten Sonderkommission zur Flüchtlingskriminalität "Soko Asyl" ist der Anteil der Straftäter unter den Flüchtlingen um die dortige Landesaufnahmestelle nicht größer, als es etwa bei Einheimischen der Fall ist. Unter den 40.000 Menschen, die im Jahr 2015 die Landesaufnahmebehörde in Braunschweig insgesamt durchliefen, lag der Anteil der Straftäter auf einem Niveau von 1,0 bis 1,5 %. Dabei handelt es sich um die erste derartige Erhebung. Die Zahl der leichten Straftaten ist seit Beginn des Jahres tatsächlich gestiegen: Ladendiebstähle haben sich in den ersten drei Quartalen 2015 auf 135 Fälle verdreifacht. In den ersten zehn Wochen ist die Soko insgesamt 518 Fällen nachgegangen, allein 317 davon waren Diebstähle. 55 Asylbewerber wurden festgenommen und 17 Haftbefehle erlassen. Ein signifikanter Anstieg schwerer Straftaten sei dagegen nicht verzeichnet worden.

Bei den Kriminellen unter den Flüchtlingen handelt es sich um eine verschwindend kleine Minderheit. Schnell stellte sich heraus, dass sich unter den Flüchtlingen offensichtlich ein kleiner Block von Menschen befand, die vor allem oder ausschließlich mit dem Ziel nach Deutschland gekommen sind, hier Straftaten zu begehen. Manche Täter unter den Flüchtlingen werden von organisierten Banden nach Deutschland geschickt, etwa um zu stehen. Besonders unbegleitete minderjährige Jugendliche werden immer wieder durch kriminelle Aktivitäten auffällig. So hat das Hamburger Landeskriminalamt schon 2014 in einem vertraulichen Dossier darauf hingewiesen, dass diese Klientel nicht nur aus nichtigstem Anlass sehr schnell sehr aggressiv wird, sondern eben auch Straftaten begeht. Dabei verwies man auf Taschen- und Ladendiebstähle ebenso wie auf das Knakken von Autos. Gegenüber staatlichen Institutionen wie der Polizei verhielten sich diese jungen Menschen außerdem sehr respektlos. Auch die Schlägereien in den Aufnahmestellen sind gestiegen, seit die Belegungszahlen massiv angestiegen sind.

Zur Geschlechterrolle im Islam hat sich in der Süddeutschen Zeitung der palästinensisch-israelische Psychologe Ahmad Mansour, der in Berlin mit gefährdeten Jugendlichen und als Autor („Generation Allah") arbeitet, geäussert:

„Dass Männer aus dem arabischen patriarchalen Raum Frauen verachten und als Freiwild betrachten, weil sie einen Minirock tragen oder allein ausgehen, das ist leider nicht neu. Es beginnt mit den Vorstellungen von Reinheit und Ehre, dass eine Frau ihre Jungfräulichkeit bewahren muss und sich öffentlich nicht zeigt. Und wenn sie sich nicht daran hält, hat sie eine verminderte Würde. Wobei ich nicht in jedem jungen muslimischen Mann den Kern des Problems sehe. Sie sind auch Opfer der patriarchalen Strukturen. Und natürlich gehören auch die Frauen dazu, die mitmachen: Mütter, die ihren Töchtern sagen, dass sie ja als Jungfrau in die Ehe gehen und bloss nicht zu viel lernen sollen. Und die Mädchen, die das übernehmen und alle anderen Mädchen abwerten, die kein Kopftuch tragen oder einen Freund haben. Dazu gehört der verklemmte Umgang mit der Sexualität, der dazu führt, dass Frauen im Mann nur den potenziellen Vergewaltiger sehen und Männer in der Frau den Besitz oder die Hure. Viele junge Muslime können nicht entspannt dem anderen Geschlecht begegnen. Das sind jedes Mal hochsexualisierte Situationen. Auch das ist der Boden für den Exzess von Köln.

Es gibt ein Islamverständnis, das patriarchales und sexistisches Denken unterstützt. Das ist nicht mein Islamverständnis, aber es ist weit verbreitet. Wir arbeiten gegen Sätze wie: "Lieber fünf kriminelle Söhne als eine verhurte Tochter" oder "Die Ehre eines Mannes steckt zwischen den Beinen einer Frau". Wir setzen dabei auf die jungen Männer selber, die den Gleichaltrigen sagen: Das sehen wir anders, unsere Ehre definieren wir anders - die Denkanstösse geben und Alternativen zeigen."

Je länger junge Männer notdürftig in Massenunterkünften fest- und vom Arbeitsmarkt ferngehalten werden, umso berechtigter ist die Sorge, daß ein – wenn auch kleiner Teil – unter solchen Umständen kriminell wird. Das Bundesamt für Migration und Flüchtlinge schiebt aus dem Jahr 2015 einen gewaltigen Berg von bis zu 770.000 offenen Asylverfahren vor sich her. 370.000 davon sind noch nicht beschiedene Anträge, bis zu 400.000 Flüchtlinge haben ihren Antrag noch nicht gestellt. Dazu kommen die zu erwartenden Neuankömmlinge im laufenden Jahr. Schon im Januar 2016 wurden - trotz Winterzeit - mehr als 90.000 neue Flüchtlinge erfasst, was einer Jahresrate von 1,1 Mio. entspricht. Hier noch einige Grafiken zum Thema der Ausländerkriminalität[44-46].

7. Globalisierung

Die bereits in den 70er Jahren des vergangenen Jahrhunderts einsetzende neoliberale Form der Globalisierung ist mit dem brutalen Aufreissen aller Grenzen für Waren, Dienstleistungen und spekulative Finanzströme zu einem der grössten Angstfaktoren geworden. Seitdem können die Arbeitgeber überzeugend mit der Verlagerung von Produktion in Niedrigstlohnländer drohen. Arbeitnehmer und Gewerkschaften sind demgegenüber hilflos. Die Unternehmer können sich um den Globus herum die für sie günstigsten Standorte mit den miesesten Sozial- und Umweltverhältnissen und dem geringsten Schutz durch Gewerkschaften suchen, während ihre Beschäftigten in Deutschland nicht mitwandern können. Dabei sind gerade die deutschen Konzerne besonders international aufgestellt und haben bereits den grösseren Teil ihrer Mitarbeiter und erst recht ihres Absatzes im Ausland - umso leichter die Verlagerung von Arbeitsplätzen.

Die Weltbevölkerung ist auf über 7 Mrd. Menschen angestiegen und immer mehr davon sind durch die neoliberale

Globalisierung in einen unmittelbaren Wettbewerb geraten, in dem die niedrigsten Sozialverhältnisse "kriegsentscheidend" werden. Grob unterschieden leben fast 900 Mio. Menschen in den alten und hochentwickelten Industrieländern. Ihnen stehen mehr als viermal so viele Menschen gegenüber, die in nachrückenden Schwellenländern meist ohne ausreichenden Sozialschutz und bei vergleichsweise sehr niedrigen Löhnen leben.

Insgesamt hat die seit etwa dem Jahr 2000 verstärkt einsetzende weltwirtschaftliche Integration Osteuropas und der grossen Schwellenländer China und Indien mit einer Bevölkerung von ca. 2,7 Milliarden Menschen das Verhältnis von Kapital und Arbeit in der Welt grundsätzlich und für sehr lange Zeiten geändert. So hat sich nach Schätzungen von Harvard-Professor Richard Freeman die Zahl der Arbeitskräfte im globalen Wirtschaftssystem von 1,46 Milliarden auf 2,93 Milliarden verdoppelt, ohne dass das über Investitionen nach Arbeit suchende Kapital (im Unterschied zum Spekulationskapital) entsprechend zunahm. Mehr als die Hälfte der Zunahme an Arbeitskräften und wahrscheinlich 80 % der exportrelevanten Arbeitskraft entfällt dabei allein auf China.

China bietet das beste Beispiel für diese Situation. Das Land hat nach seiner Aufnahme in die Welthandelsorganisation (WTO) sofort den Zugang zu westlichen Märkten eingeräumt bekommen, obwohl es wegen der fortbestehenden Dominanz der KPC im Wirtschaftsprozess alles andere als eine Marktwirtschaft war und ist. Als Meister im Lohndumping und mit den geringsten Umweltschutzstandards konnte sich China sehr schnell zur Werkbank der Welt entwickeln und überall Arbeitsplätze abräumen. Von der KPC unabhängige Gewerkschaften gibt es dort nicht, ebenso wenig ein Streikrecht. Auch ein angemessenes Sozialversicherungssystem fehlt, was den Unternehmen in grossem Umfang Kosten erspart.

Vor immer neuen Runden von Liberalisierung wurde den Menschen der entwickelten Industrieländern ein enormer Gewinn an Arbeitsplätzen versprochen, wie jetzt wieder in den TTIP-Verhandlungen mit den USA. Nie ist dieser Gewinn eingetreten. Gerade die TTIP-Verhandlungen zeigen, wie die demokratischen Rechte durch einen überzogenen Investitionsschutz für Multis eingeschränkt werden, wie Schutzstandards im Ernährungs- und Gesundheitsbereich ausgehebelt werden. Die Geheimniskrämerei um diese Verhandlungen hat ein enormes Mass an Misstrauen und öffentlichen Protesten erzeugt.

Die Bundesregierung stand immer an der Spitze der neoliberalen Entwicklung, ob bei der Aufnahme Chinas in die WTO, den Liberalisierungsrunden oder dem Washington Konsensus (siehe Kapitel 1). Deutsche Politiker pflegen sich dennoch hinter der Globalisierung, angeblich ohnmächtig, zu verstecken. Beispielsweise hat Erhard Eppler davon gesprochen, dass sich die Gestaltungsmöglichkeiten für Politik durch die Globalisierung der Märkte dramatisch verringert hätten und Politiker gar nicht mehr das leisten könnten, was die Bürger von ihnen erwarten. Oder Gerhard Schröder: „Man darf ja nicht darüber hinwegsehen, dass die Globalisierung uns zu bestimmten Massnahmen zwingt". Oder Bundespräsident Köhler: „Die Welt ist in einem tief greifenden Umbruch. Wer hier den Zug verpasst, bleibt auf dem Bahnsteig stehen". Auch der Brüsseler Industriekommissar Günter Verheugen (SPD) argumentierte ähnlich: „Wir müssen unsere Volkswirtschaften bewusst dem Wettbewerb aussetzen. Die Verlagerung von Arbeitsplätzen in billiger produzierende Länder ist nicht mehr aufzuhalten." Mit der Ohnmacht in Sachen Globalisierung wurden ebenso die tief in das soziale Netz einschneidenden Schröderschen Reformen in Deutschland begründet. Diese angebliche, aber nur vorgespielte Ohnmacht hat die Ängste in der Bevölkerung noch erheblich verstärkt.

Weitere Fakten:

Die heimatlosen deutschen Unternehmen

Viel zu viele Deutsche liessen und lassen sich von den Verbänden und ihrer neoliberalen Mantra, die zugleich starken Einfluss auf alle Medien nahm und nimmt, immer wieder an der Nase herumführen. Dabei blieb in Deutschland weitgehend unbekannt, dass die Verbände praktisch das Sprachrohr der Grossunternehmen sind, die das meiste Geld in die Verbandskassen legen, und dass diese Grossunternehmen längst nicht mehr als deutsche Unternehmen ansprechbar sind, auch wenn sie noch ihren Sitz oder einen ihrer Sitze in deutschen Landen haben. Das Kapital der 30 grössten deutschen börsengehandelten Unternehmen (Dax-30) ist nur noch zu wenig mehr als einem Drittel in deutscher Hand[48], die Mehrheit deren Mitarbeiter schon seit Jahren im Ausland[49], sogar 78 % ihres Umsatzes wird dort gemacht[50] und die deutsche Gewerbliche Wirtschaft insgesamt bestreitet bereits fast die Hälfte ihres Umsatzes im Ausland[51]. Fast jeder dritte Spitzenmanager in den Vorständen der Dax-30 kommt aus den Ausland, darunter 9 Vorstandschefs. Der Transnationalitäts-Index der UNCTAD von 2014 führt 10 deutsche Multis, bei denen er die Anteile von Auslandsvermögen, Auslandsumsatz und Auslandsbeschäftigung an den entsprechenden Gesamtgrössen der Unternehmen misst: alle diese Anteil liegen weit über der Hälfte bis zu drei Vierteln[52]. Und ein erheblicher Teil ihrer Gewinne ist ohnehin in ausländischen Steueroasen geparkt.

Von diesen Unternehmen, ihrem Führungspersonal und ihren Verbänden ist wirklich nicht zu erwarten, dass die Interessen unseres Landes oder der deutschen Arbeitnehmer besondere Berücksichtigung erfahren.

China wird zum Risiko für die Weltwirtschaft

China hat extrem niedrige Arbeitskosten und konnte mit der Ausbeutung seiner etwa 250 Millionen Wanderarbeitnehmer immer mehr Industrieproduktion aus der Welt an sich ziehen und zugleich in den alten Industrieländern die Löhne unter Druck setzen. In China gibt es nur die Staatsgewerkschaften, die sich mehr für die Unternehmensleitungen einsetzen als die Rechte der Arbeitnehmer. Das Streikrecht ist nicht anerkannt, so dass nur wilde Streiks stattfinden können. Der durchschnittliche Monatslohn in den städtischen Regionen Chinas ist über die vergangenen 10 Jahre nominal von umgerechnet 196 auf 736 Euro oder das 3,8-Fache zwar stetig gestiegen, was aber im Vergleich zu dem Lohnniveau in den industrialisierten Ländern des Westens immer noch sehr wenig ist (etwa 23 % des deutschen Durchschnitts). Vor allem arbeiten viele chinesische Arbeitnehmer, besonders die Wanderarbeitnehmer aus der Landbevölkerung, in den Exportzentren nur zu Mindestlöhnen oder wenig darüber. Der monatliche Mindestlohn lag 2015 für Shenzhen, eines der Hauptexportzentren, bei 280 Euro. Soweit die Löhne steigen, verlagert China immer mehr der Industrieproduktion ins Inland, wo das Lohnniveau noch niedriger ist.

Die alten Industrieländer haben seit vielen Jahren immer mehr Technologie und Produktion in die Schwellenländer und vor allem nach China verlagert und China so zur Werkbank der Welt gemacht. China hat die USA mit einem gewaltigen Wachstum vom ersten Platz in der Industrieproduktion der Welt verdrängt[53,54].

Trotzdem lässt sich China in der WTO gern als armes Entwicklungsland mit allen damit verbundenen Vorteilen behandeln, obwohl es längst ein aggressives Schwellenland geworden ist, das als Werkbank der Welt fast überall in grossem Stil Jobs abräumt. So soll es beispielsweise im Bereich der noch laufenden Doha-Runde zur Absenkung der Zölle für den Import von Autos in die EU von 10 % auf nur noch 4,5 % kommen. China soll dagegen seinen Einfuhrzoll für Autos nur von 25 % auf 18 % absenken. Daran ist zu sehen, wie ungleichgewichtig zu chinesischem Vorteil die Verhandlungen wieder einmal angelegt sind.

Besonders riskant für Deutschland und die anderen Industrieländer wird es jetzt bei der Frage, ob China der Status einer Marktwirtschaft zuerkannt werden soll. 2001 beim Beitritt Chinas zur WTO wurde vorgesehen, dass dies Ende 2016 der Fall sein soll und erst dann das Antidumping-Schwert der Handelspolitik stumpf werden würde. Bis dahin sollten für 15 Jahre noch chinesische Preise mit den Kosten in anderen Entwicklungsländern, meist Indien, verglichen werden können, um Dumpingmargen festzustellen, ohne dass - wie bei Marktwirtschaftsländern - die Produktionskosten im Exportland selbst ermittelt werden müssen. Doch wenn diese Regelung nun Ende 2016 ausliefe, worauf China besteht, wird es noch schwieriger und eigentlich unmöglich, dem chinesischen Dumping zu begegnen, schon weil die Ermittlung der Produktionskosten und damit der Dumping-marge in einem Land unter der Kontrolle der KPC fast unmöglich ist.

Gegner eines automatischen Zugeständnisses des Status "Marktwirtschaft" an China argumentieren zurecht, vor 15 Jahren sei unterstellt worden, dass das Land 2016 tatsächlich eine Marktwirt-schaft sein würde und zwar ohne das Fortbestehen eines Unmasses an Subventionen, eines Verbots unabhängiger Gewerkschaften und eines total vom Staat kontrollierten Bankensektors sowie von Macht-positionen der KPC in fast jedem Betrieb.

Die Gegner warnen auch vor den drohenden Konsequenzen. Nach einer Studie des Economic Policy Instituts in Washington droht allein in der EU der Verlust von 1,7 bis 3,5 Mio. Arbeitsplätzen. Vor allem in 30 Bereichen von Aluminium, Fahrrädern, Keramik, Glass, Autoteilen, Papier bis Stahl sind diese Gefahren gross. Für Deutsch-land rechnet das Institut mit 639.000 Jobverlusten, für Italien mit 416.000 und für Grossbritannien mit 387.000. Daher sind Italien und einige andere EU-Länder, viele Gewerkschaften und die betroffenen Industrien auf der Bremse.

Doch unter dem Druck der Multis, die immer nur vom chinesi-schen Markt träumen, neigt die EU-Kommission jetzt dazu, dem chinesischen Druck nachzugeben. Bundeskanzlerin Merkel und der britische Premier Cameron sollen bereits zu den Befürwortern des Zugeständnisses gehören sollen. In Deutschland macht natürlich der Bundesverband der Industrie die übliche neoliberale Musik.

Der Traum vom riesigen chinesischen Markt wird für die westli-chen Exporteure schnell zum Alptraum, wenn der chinesische Wirtschaftsmotor zu stottern beginnt. Dabei zieht China viele Schwellenländer nach unten, die entweder in Asien stark mit China verbunden sind, oder als grosse Rohstofflieferanten, wie Brasilien oder viele Länder in Afrika, von der alles beherrschenden chinesischen Nachfrage nach Rohstoffen abhängig sind, und schwächt auch den deutschen Export in andere Länder noch einmal von dieser Seite her. Viele Schwellenländer, aus denen China Rohstoffe importiert, und auch Japan leiden bereits unter der intensiven Verknüpfung mit dem grossen Nachbarn.

Die chinesische Regierung zeigt sich derzeit ohnmächtig, um die Wachstumsschwäche zu überwinden. Die endemische Mischung aus Staatswirtschaft und einem hohen Mass an Korruption ist dazu wenig geeignet. Viele Staatsunternehmen sind hoch verschuldet, ihre Bilanzen völlig intransparent. Die staatlichen Banken haben im riesigen Umfang faule Kredite in ihren Bilanzen. Viele Industrien hatten ihre kreditfinanzierte Produktion unsinnig hochgefahren. Der Zuwachs an Investitionen fiel auf das niedrigste Niveau in 10 Jahren. Der Zuwachs des Stromverbrauchs - in China ein verlässlicherer Indikator als das BIP - fällt schon seit Jahren und ist nun nahe der Null-Linie angekommen[55].

Hinzu kommt ein gigantisches System von Schattenbanken, bei dem Banken Vermögensprodukte anbieten, eine versteckte zweite Bilanz der Banken, die ihnen erlaubt, staatliche Massnahmen zur Drosselung des Kreditflusses und zur Einschränkung der Kreditexzesse zu umgehen. Für Sparer, die sonst auf normalen Sparkonten nur miserable Zinsen bekamen, war das ein willkommener Ausweg. Bis 2012 hatte sich dieses System auf 40 % der chinesischen Wirtschaftsleistung aufgebläht. Seit 2014 gingen die chinesischen Behörden dann gegen diese Schattenbanken als Kreditgeber der chinesischen Wirtschaft vor. Das bremste die Wirtschaftsentwicklung, und so entdeckten die Planer den Aktienmarkt als neues Vehikel, um das Geld der Sparer in die kreditbedürftigen und überschuldeten Staatsunternehmen zu schleusen. Mit gewaltiger Propaganda wurden normale Chinesen, von denen ohnehin viele eine Spielernatur haben, bewogen, zu Aktienspekulanten zu werden. Die Kurse stiegen und stiegen. Doch dann kam der unvermeidbare Crash. Der chinesische Aktienindex Shanghai A ist seit Mitte Juni 2015 bereits um fast die Hälfte abgestürzt[56]. Normale Chinesen haben durch den noch nicht beendeten Crash schon jetzt hohe Anteile ihrer Ersparnisse verloren. Das ist umso schmerzhafter als in China keine Sozialversicherung besteht und die Menschen für Krankheiten, das Alter und die Schulung ihrer Kinder sparen müssen. Die Stimmung in weiten Bevölkerungskreisen ist explosiv geworden.

8. Arbeitsstess, unsichere Jobs, psychische Instabilität

Im Zeichen der neoliberalen Globalisierung hat sich auch die Arbeitswelt grundsätzlich gewandelt. Jobs sind nicht mehr für das Leben. Ein immer grösserer Teil ist nur auf Zeit, auf Probe, in Teilzeit oder im Rahmen von Verleihverträgen[57]. Das Konjunkturrisiko wurde so immer mehr auf die Arbeitnehmer verlagert. Zudem wurden krankmachende atypische Arbeitszeiten (nachts, an Wochenenden und über 48 Stunden/Woche) immer häufiger[58].

Dies führt einerseits zu mehr Konkurrenzkampf und Stress, bis zum berüchtigten Mobbing. Fast die Hälfte der Deutschen klagte einer Umfrage der Bundesanstalt für Arbeitsschutz und Arbeitsmedizin unter mehr als 17.000 Arbeitnehmern zufolge über wachsenden Stress am Arbeitsplatz. Die Dauerangst vor Jobverlust und Absturz auf Hartz-4-Niveau verhindert nicht selten den Aufbau normaler Familien, womit ein weiterer Schutzmechanismus wegfällt, und auch das wiederum zu den Ängsten beiträgt.

Wenngleich der deutsche Arbeitsmarkt in vergleichsweise stabiler Verfassung ist, werden immer weniger Menschen mit und von Ihrer Arbeit glücklich. Das zeigt sich auch im hohen Niveau psychischer Erkrankungen (siehe unten). Jedes Jahr kommen fast elf Millionen Tage zusammen, an denen Menschen, die an einer Depression erkrankt sind, nicht zur Arbeit gehen können. Nach der bahnbrechende Studie des

European College of Neuropsychopharmacology und des European Brain Council sind in Europa vor allem Frauen von Depressionen betroffen und die vor allem im Alter von 16 bis 42 Jahren, wenn sie versuchen müssen, den beruflichen Druck und den der Familie gleichzeitig zu bewältigen. Ihr Risiko, einer Depression anheim zu fallen, hat sich gegenüber den 70er Jahren verdoppelt. Fast jede siebte Frau ist betroffen.

Nach der DEGS-Gesundheitsstudie des Robert Koch-Instituts von 2013 ist etwa jeder zehnte Erwachsene - 14 % der Frauen und 8 % der Männer - stark und andauernd gestresst. Zu ähnlich alarmierenden Ergebnissen kommt eine Forsa-Umfrage im Auftrag der Techniker Krankenkasse vom Oktober 2013. Darin hat jeder Fünfte angegeben, in Dauerstress zu leben. Nach einem Bericht der Bertelsmann-Stiftung geht jeder fünfte Bundesbürger wegen psychischer Beschwerden mindestens einmal pro Jahr zum Arzt.

Die durch psychische Erkrankung verursachte Angst ist die Angst der Ängste.

Weitere Fakten:

Mehr Stress und psychische Erkrankungen

Fast die Hälfte der Deutschen klagt einer Umfrage der Bundesanstalt für Arbeitsschutz und Arbeitsmedizin unter mehr als 17.000 Arbeitnehmern zufolge über wachsenden Stress am Arbeitsplatz. Dabei sind 43 % der Erwerbstätigen überzeugt, dass die Belastungen im Job in den vergangenen Jahren zugenommen haben. Demnach arbeitet jeder zweite Befragte unter starkem Termin- und Leistungsdruck. Knapp 60 % der Befragten gaben an, verschiedene Aufgaben gleichzeitig betreuen zu müssen. Fast jeder Zweite wird bei der Arbeit ständig unterbrochen - etwa durch Telefonate und E-Mails. Weil Ruhepausen nicht in den Arbeitsablauf passen oder sie nach eigenem Bekunden zu viel Arbeit haben, verzichtet jeder Vierte auf eine Pause.

Unter den Bedingungen des neoliberalen Turbokapitalismus spielt die Psyche massenhaft nicht mehr mit. Die Deutschen nehmen heute doppelt so viele Antidepressiva wie noch vor zehn Jahren. Jedes Jahr kommen fast elf Millionen Tage zusammen, an denen Menschen, die an einer Depression erkrankt sind, nicht zur Arbeit gehen können. Dabei beschränkt sich die Depression nicht auf einen Lebensbereich. Sie erhöht das Risiko für Herz-Kreislauf-Erkrankungen, Diabetes und Demenzerkrankungen. Sie grenzt die Betroffenen oft aus ihrem sozialen Umfeld, aus ihrem Freundeskreis und ihrer Familie aus. Depressionen sind Hauptursache für Arbeitsunfähigkeit oder Frühverrentung. Und etwa 7.000 Menschen treiben sie jedes Jahr in den Suizid, fast doppelt so viele Menschen, als im Strassenverkehr umkommen. Weltweit sind Depressionen nach Rückenschmerzen der wichtigste Grund für Arbeitsunfähigkeit geworden.

Allgemein ist der Gesundheitszustand der Deutschen im westeuropäischen Vergleich ohnehin eher schlecht. Mit 65 Jahren ist die statistische Erwartung weiterer gesunder Lebensjahre am unteren Ende des Vergleichsfeldes, besonders bei Frauen[59,60]. Der Anteil von Menschen mit langanhaltender starker gesundheitlicher Behinderung ist der höchste im Vergleichsfeld[61]. Bei den Krankenhausentlassungen nach psychischer Erkrankung hat Deutschland einen traurigen Spitzenplatz[62]. Auch nach der Krankenhausstatistik des Statistischen Bundesamts wurden bei den nach vollstationärer Behandlung Entlassenen seit dem Jahr 1994 immer häufiger "Psychische und Verhaltensstörungen" als Diagnose angegeben[63]. Deren Zahl stieg bis 2011 in nur 20 Jahren um mehr als die Hälfte auf 1,2 Millionen an

Zu ähnlich alarmierenden Ergebnissen kommt eine Forsa-Umfrage unter 1.000 Deutschen im Auftrag der Techniker Krankenkasse vom Oktober 2013. Darin hat jeder Fünfte angegeben, in Dauerstress zu leben, wobei es bei Frauen allein sogar ein Viertel ist und hier Höchstwerte im Alter zwischen 36 und 45 Jahren erreicht werden. Bei den Frauen sagen fast sechs von zehn, ihr Leben sei in den vergangenen drei Jahren stressiger geworden, bei den Männern ist es knapp jeder zweite. Je jünger, desto mehr Befragte meinen, dass ihr Stresslevel in den letzten Jahren angestiegen sei. Ganz oben auf der Liste der Stressfaktoren steht die Arbeit – also Beruf oder Schule und Studium.

Der sozioökonomische Status (SES) spielt beim Stress eine grosse Rolle. Bei den Frauen mit niedrigem SES ist mehr als jede Fünfte stark gestresst (20 %), bei den Frauen mit hohem SES geht es hingegen nur etwa jeder neunten so (11 %). Je ungleicher die soziale Entwicklung wird, umso mehr sammelt sich also der Stress bei den ohnehin Benachteiligten an. Gestresste Menschen leiden auch häufiger an Folgeerkrankungen wie Burnout-Syndrom, einer depressiven Gemütslage oder Ein- und Durchschlafproblemen. Nach Ansicht der Autoren der DEGS-Gesundheitsstudie belegen die Ergebnisse eindrücklich einen hohen Zusammenhang zwischen Belastungen durch chronischen Stress und psychischen Beeinträchtigungen durch depressive Symptome, Burnout-Syndrom und Schlafstörungen. Natürlich ist Arbeit nicht der einzige Stressfaktor, jedoch ein besonders wichtiger.

Seit Mitte des vergangenen Jahrzehnts steigt die Arbeitsunfähigkeit durch psychische Erkrankungen besonders stark an. Allein in den fünf Jahren bis 2014 haben die Arbeitsunfähigkeitstage um 41 % zugenommen. Der starke Anstieg ist bereits seit 1998 ungebrochen[64].

9. Drohende Erd-Übererwärmung

Die menschliche Psyche kann nicht viele Krise gleichzeitig verarbeiten. Deswegen ist die ökologische Krise drohender Erd-Übererwärmung schon wegen ihrer langfristigen Natur etwas in den Hintergrund der öffentlichen Aufmerksamkeit geraten. Doch naturbewussten Menschen jagt sie weiter Angst ein.

Weltweit war das letzte Jahr 2015 das wärmste seit Beginn der modernen Wetteraufzeichnungen im Jahr 1880. Die weltweiten Durchschnittstemperaturen lagen um 0,9 Grad Celsius über dem Durchschnitt des 20. Jahrhunderts. Der alte Rekord stammt erst von 2014. Zehn der elf wärmsten Jahre sind nach 2000 gemessen worden. Dabei war die Abweichung in 2015 weitaus grösser als in den Jahren zuvor. Die CO2-Konzentration in der Atmosphäre wurde vom Mauna Loa Observatory auf Hawaii für 2015 erstmals bei über 400 ppmv festgestellt, fast ein Fünftel über dem Wert von 1980 nur 35 Jahre früher[65]. Das Eis an den Polen und die Gletscher schmelzen weiter, der Meeresspiegel steigt.

Sollte, wie vorausgesagt wird, gerade in den Hungerzonen Afrikas die Trockenheit weiter zunehmen, so wird sich Europa auf gewaltige Migrationsbewegungen einrichten müssen. Das gilt umso mehr, als gerade dort die Bevölkerungen am stärksten explodieren.

Der CO2-Ausstoss wurde durch die globalisierende, massive Verlagerung energieintensiver Produktion nach China noch stark beschleunigt. Denn in China findet die Produktion auf der Basis schmutzigster Kohle und sehr schlechter Wirkungsgrade der Verbrennungsanlagen statt.

Mit immer mehr CO2-Ausstoss steigt die Gefahr, dass die Erderwärmung unkontrolliert aus dem Runder laufen könnte.

Professor Stefan Rahmstorf, einer der renommiertesten Klimaforscher in Deutschland, fasst den gesicherten Stand der Wissenschaft auf seinem fact sheet so zusammen:

1. Die Konzentration von CO2 in der Atmosphäre ist seit ca. 1850 stark angestiegen. Und zwar von dem für Warmzeiten typischen Wert von 280 ppm (parts per Million, Teile pro Million) auf inzwischen 380 ppm (Anmerkung des Autors: bzw. in 2015 auf über 400 ppm).
2. Für diesen Anstieg ist der Mensch verantwortlich, in erster Linie durch die Verbrennung fossiler Brennstoffe (Kohle, Öl, Gas, Benzin), in zweiter Linie durch Abholzen von Wäldern.
3. CO2 ist ein klimawirksames Gas, das den Strahlungshaushalt der Erde verändert. Ein Anstieg der Konzentration führt zu einer Erhöhung der oberflächennahen Temperaturen. Verdoppelt sich der CO2-Gehalt der Luft, steigt die globale Mitteltemperatur um 2 bis 4 °C an. Der wahrscheinlichste Anstieg beträgt 3°C.
4. Seit 1900 stieg die globale Temperatur um ca. 0,8°C an. Die Temperaturen der abgelaufenen zehn Jahre waren global die wärmsten seit Beginn der Messungen im 19. Jahrhundert und seit mindestens mehreren Jahrhunderten davor.
5. Der überwiegende Teil dieser Erwärmung ist auf die gestiegene Konzentration von CO2 und anderen anthropogenen (aus menschlicher Aktivität stammenden) Gasen zurückzuführen.

Weitere Fakten:

Rahmstorf unterstreicht, dass diese fünf Erkenntnisse auf Jahrzehnten der Forschung und Tausenden von Studien beruhen, so dass es „praktisch undenkbar" sei, dass sie auf einmal umgestoßen werden könnten. Rahmstorf, der am „Potsdam Institut für Klimafolgenforschung" (PIK) arbeitet, ist außerdem Mitglied des IPCC und des „Wissenschaftlichen Beirats der Bundesregierung Globale Umweltveränderungen" (WBGU). In einem Interview ergänzt er:

„Bei 3 °C Erwärmung dürfte der grönländische Eisschild destabilisiert werden. Die Westantarktis hat wahrscheinlich bereits ihren Kipppunkt überschritten, und es gibt weitere riesige Eismassen, die in der Ostantarktis destabilisiert werden könnten. Der Verlust des Grönlandeises allein bedeutet 7 Meter globalen Meeresspiegelanstieg und damit den Verlust von großen Küstenstädten und kleinen Inselstaaten. Das muss ganz klar gesagt werden. Wir beobachten bereits eine spürbare Abschwächung des Golfstromsystems im Nordatlantik. Jenseits von 2 °C Erwärmung wird es hoch riskant. Wir wären weit außerhalb des relativ günstigen, stabilen Klimaregimes, das wir in den letzten 10.000 Jahren genossen haben.

Aus der Sicht der Geophysik und Klimaforschung hindert uns nichts daran, die Erwärmung unter 2 °C oder sogar unter 1,5 °C zu halten. Auch technologisch ist es durchaus möglich. Wir müssen nur ein Zehntausendstel der Sonnenstrahlung anzapfen, die die Erde erreicht, um die ganze Menschheit großzügig mit Energie zu versorgen, und wir haben die Technologie dafür. Wie viel es kosten würde, um unter 2 °C zu bleiben, wurde gründlich mit dem letzten IPCC-Bericht beantwortet. Die geschätzten Kosten sind sehr moderat - nur 0,06% des globalen BIP pro Jahr. Kurz gesagt, es ist physikalisch möglich, technologisch machbar und wirtschaftlich machbar. Aber viele Menschen sind pessimistisch, was den politischen Prozess angeht.

In Deutschland sind wir optimistischer. Im vergangenen Jahr waren die deutschen Treibhausgasemissionen um 27% unter dem Niveau von 1990 und unsere Wirtschaftsleistung hat sich seither fast verdoppelt. Die deutsche Erfahrung zeigt: man kann das Wachstum der Emissionen vom Wirtschaftswachstum entkoppeln und dabei Erfolg haben.

Die Menschen verstehen nicht, dass es (der Erwärmungsprozess) unumkehrbar ist. Sie können sich nicht in zwanzig Jahren entscheiden, dass es Zeit ist, etwas gegen die globale Erwärmung zu tun. Bis dahin wird es zu spät sein. Unsere aktuellen Emissionen legen uns auf mehrere Meter Meeresspiegelanstieg fest, für Jahrhunderte in die Zukunft. Auch nicht so bekannt ist die Versauerung der Ozeane durch unsere CO2-Emissionen, die Meeresökosysteme wie Korallenriffe zerstören wird. Das allein sollte Grund genug sein, mit dem Ausstoß von CO2 aufzuhören.“

10. Fortschreitender Verlust an Demokratie: Die Kräfte hinter den Ängsten

Mit der neoliberalen Globalisierung ist ein deutlicher Verlust an Demokratie verbunden. Entscheidungen werden aus der ursprünglichen, in Bürgernähe angelegten nationalen Verantwortung zu anonymen internationalen Organisationen verschoben, die wenig demokratischer Kontrolle unterliegen. Deutliche Beispiele sind die EU-Kommission oder auch die EZB. Weder zur EU-Kommission, noch zur EZB haben die Bürger in Deutschland viel Vertrauen. Sie verstehen meist schon gar nicht, wie diese Organisationen funktionieren. Doch sie haben erfahren, dass der Präsident der EU-Kommission in Luxemburg Finanzminister und Ministerpräsident war, als jahrelang den Grossunternehmen die Steuerflucht über Konten in Luxemburg ermöglicht wurde. Viele haben erfahren, dass der Präsident der EZB früher Chef der europäischen Filiale der Zockerbude Goldman Sachs war – alles Umstände, die wenig Vertrauen begründen können. Mit diesem Misstrauen einerseits und der Erklärung von Ohnmacht gegenüber internationalen Entscheidungen durch die eigene Regierung andererseits verbindet sich bei vielen Bürgern erhebliche Angst vor einem solchen Zustand.

Tatsächlich wird gerade das Ausufern der neoliberalen Globalisierung in diesen internationalen Organisationen fernab der Bürger betrieben. Die EU-Kommission, die hier erhebliche Verantwortung trägt, steht unter unmittelbarem Druck einer riesigen Lobby von Verbänden und Grossunternehmen. Nach letztem Stand vom September 2015 waren 5.681 LobbyistInnen mit Zugang zum Europäischen Parlament akkreditiert, die für 8.213 Lobby-Organisationen arbeiten. Darunter finden sich u.a. 2.069 Wirtschaftsverbände, 1.372 Unternehmen, 2.116 Nicht-Regierungsorganisationen sowie 566 Thinktanks. Das Register der EU-Kommission zählt ähnlich 9.161 Einträge. Hinter dieser grossen Zahl verbergen sich starke Grossverbände, wie beispielsweise der European Round Table of Industrialists (Europäischer Runder Tisch Industrieller). Er ist eine Lobbyorganisation von rund 50 Wirtschaftsführern grosser europäischer multinationaler Unternehmen mit Sitz in Brüssel. Ziele des Forums sind das Entwickeln langfristiger wirtschaftsfreundlicher Strategien und die Organisation von Treffen mit Mitgliedern der Europäischen Kommission, einzelnen Kommissaren oder dem Kommissionspräsidenten, um die Richtung des Integrationsprozesses innerhalb der EU zu gestalten.

Daneben und meist im Hintergrund agieren Netzwerke von einflussreichen Einzelpersonen aus der transatlantischen wirtschaftlichen, politischen und journalistischen Elite, die ihre eigenen intransparenten Organisationsstrukturen haben, wie beispielsweise die Bilderberg Konferenzen, Council on Foreign Relations, German Marshall Fund, die Trilaterale Kommission, das Weltwirtschaftsforum, die Münchener Sicherheitskonferenz, Atlantik Brücke, der Transatlantic Business Dialogue (TABD), den die EU-Kommission mit ins Leben gerufen hat und der als Wegbereiter der TTIP-Verhandlungen gilt, oder das Aspen Institute. Dazu kommen in Deutschland viele Stiftungen für politische Arbeit, wie die Bertelsmann Stiftung oder die Initiative Neue Soziale Marktwirtschaft, die 1999 von Arbeitgeberverbänden der Metall- und Elektroindustrie gegründet wurde. Keines dieser Netzwerke und keine der Stiftungen unterliegt auch nur der geringsten demokratischen Kontrolle, obwohl einige über ein erhebliches Mass an Einfluss und auch über finanzielle Mittel verfügen.

Allerdings ist die tatsächliche Bedeutung der verschiedenen Gesprächskreise schwer einzuschätzen, wenn man nicht zu den Insidern gehört. Viele davon erlauben den Teilnehmern nur, sich ihre eigene Meinung immer wieder bestätigen zu lassen, oder „wohlmeinenden" Journalisten bei der Arbeit zu „helfen". Je grösser und öffentlicher ein solches Forum, wie beispielsweise das Weltwirtschaftsforum, umso weniger wahrscheinlich seine konkrete politische Effizienz. Aus meiner Arbeit im Bundeswirtschaftsministerium ist mir beispielsweise bekannt, dass die Deutsche Gesellschaft für Auswärtige Politik, die ein neues Buch unter dem reisserischen Titel „Die Macher hinter den Kulissen: Wie transatlantische Netzwerke heimlich die Demokratie unterwandern" unter diesen „Machern" auflistet, eine ziemliche Quasselbude ist, in der – wie ich seinerzeit – auch viele Beamte rumsitzen. Andererseits war der Bundeswirtschaftsminister Graf Lambsdorff, als er seinen neoliberalen Scheidungsbrief für die sozial-liberale Koalition verfasste (siehe Kapitel 7), Mitglied der Trilateralen Kommission hoher Vertreter aus Politik und Wirtschaft in USA, Europa und Japan. Doch wahrscheinlich hätte er diesen Brief auch ohne die Mitgliedschaft ebenso geschrieben. Jedenfalls sollten Aussenseiter, die keinen konkreten Einblick in die Arbeit solcher Netzwerke haben, mit den gern aufgetischten Verschwörungstheorien weit vorsichtiger sein.

Interessanterweise übersehen diese Verschwörungstheoretiker regelmässig für Deutschland ein Netzwerk von Spitzenbeamten, das hierzulande wahrscheinlich weit einflussreicher war und teiweise noch ist als viele der anderen. Das hat sich um die deutsche Vertretung im von den USA gesteuerten Internationalen Währungsfonds (IWF) und die beamteten Führungspositionen im Bundesfinanzministerium(BMF) und Bundeskanzleramt gebildet. Dazu gehörten beispielsweise Hans Tietmeyer (Staatssekretär im BMF, später Bundesbankchef und Vorsitzender der Initiative Neue Soziale Marktwirtschaft), Horst Köhler (Staatssekretär im BMF, später Chef des IWF und Bundespräsident), Klaus Regling (IWF-Mitarbeiter, Ministerialdirektor im BMF, Abteilungsleiter in der EU-Kommission, Chef des Europäischen Rettungsfonds) oder Jürgen Stark (Staatssekretär im BMF, Mitglied im Vorstand der Bundesbank und später der EZB). Diese Spitzenbeamten standen oder stehen alle der CDU nahe, haben eng zusammengearbeitet und sich mindestens teilweise gegenseitig durch die Karrieren geschoben. Mit ihrer praktischen Arbeit in deutschen und internationalen Spitzenpositionen und meist in der Nähe der deutschen Regierungschefs, teilweise als deren „Sherpas" für die G7, übten oder üben sie als „Strippenzieher" einen erheblichen Einfluss auf die Politik aus, wobei sie - gemessen an ihrem Handeln - alle entschlossene Befürworter der neoliberalen Globalisierung waren oder sind. Soweit sie ausgeschieden sind, haben sie ähnliche Nachfolger gefunden.

Dazu kommt noch eine grosse Zahl an sogenannten Sachverständigengremien, die um die Bundesministerien herum aufgebaut wurden und die ohnehin angestrebte Politik mit Sachverstand untermauern sollen. Am bekanntesten ist der Sachverständigenrat für die Beurteilung der gesamtwirtschaftlichen Entwicklung, der immer wieder lange Gutachten vorliegt, aus denen sich die Regierenden das herausklauben, was in ihren Kram passt, wobei kein einziges globalisierungskritisches Mitglied diesen Sachverstand wenigstens ergänzen darf.

Natürlich ist die neoliberale Denke in der gesamten Beamtenschaft der Ministerien fest verankert. Das Bundeswirtschaftsministerium hält engsten Kontakt zu den Verbänden der Wirtschaft und den Großunternehmen, die den Minister auch auf seinen Auslandsreisen zahlreich begleiten und mit denen viele Entscheidungen vorher beraten werden. Dabei sind die Minister auf die Beamtenschaft schon deshalb angewiesen, weil sie meist mit wenig Kenntnis ihres neuen Arbeitsgebiets ins Amt kommen. Die Wandlungen von Minister Gabriel beispielsweise in seiner Haltung zum TTIP oder zum Rüstungsexport zeigen diesen Einfluß sehr deutlich. Immer wieder wechseln Beamte und sogar Minister in lukrative Posten der Wirtschaft, nicht selten in Bereichen, in denen sie selbst noch im Amt vorher tätig gewesen sind. Man erinnert sich vielleicht noch an den Bundeswirtschaftsminister, der zur Arbeitnehmerverleihbranche ging, nachdem er zuvor in deren Interesse tätig geworden war. Die Welthandelsorganisation mit ihren handelspolitischen Runden zu immer weiterer Öffnung der Märkte genießt im Bundeswirtschaftsministerium eine total unkritische Priorität. Der Export wird in jeder Form gefördert, vor allem mit der staatlichen Versicherung von Exportkrediten. Ebenso arbeitet das Bundesfinanzministerium, das über die internationale Finanzpolitik, die Steuerpolitik und den entscheidenden Einfluß auf den Bundeshaushalt, neoliberal tätig wird, mit den Verbänden und Unternehmen zusammen und hat sogar von dort zeitweise Personal angenommen, um bei Gesetzesvorhaben zu unterstützen. Ein ausgleichender Einfluß durch die Gewerkschaften findet kaum statt.

Anders als nach früheren Verschwörungstheorien die Freimaurer oder unter dem Nationalsozialisten das „Weltjudentum" oder nach heutigen Theorien einige transatlantische Organisationen, entwickelt erst die Gesamtheit der meisten dieser vielen Kräfte die Dynamik, die die neoliberale Globalisierung immer weiter treibt. Sie sind zusammen mit den Regierungen für die fortschreitende neoliberale Globalisierung der Welt und die Einbeziehungen Deutschlands verantwortlich. Dabei können sich die Regierungen selbst die Hände waschen, wo sie erhebliche Teile ihrer demokratischen Verantwortung von sich weg in internationale Organisationen verlagert haben.

Da die neoliberale Globalisierung, wie bei vielen der Ängste notiert, einer der Hauptangstauslöser ist, sind in diesem gewaltigen Gebäude an Einflusskräften die Täter für die meisten Gründe unserer Ängste zu suchen. Die Ängste werden von ihnen wahrscheinlich gern in Kauf genommen - auch dabei hoffend, dass sie gefügig machen.

Demokratie in Deutschland: Wohin?

Immer mehr Menschen in Deutschland wenden sich von den demokratischen Volksparteien ab. Seit 1990 hat die SPD schon 51 %, die CDU 42 % ihrer Mitglieder verloren und der Trend ist klar auf weiteren Abstieg gerichtet[66]. Die Parteien leiden zudem an altersbedingter Auszehrung: Der Altersdurchschnitt liegt bereits um 60 Jahre. Über die Hälfte der Mitglieder von SPD, CDU und Linkspartei sowie über 46 % der Mitglieder der CSU sind älter als 60 Jahre. Diese Gruppe ist damit in den Parteimitgliedschaften im Vergleich zur Bevölkerung deutlich überrepräsentiert. Bezeichnend ist die Situation bei der SPD: Waren im Jahre 1974 nur 17,5 % der Mittglieder über 60 Jahre alt, so sind es jetzt mehr als 52 %[67].

Man kann solche Strukturen, bei denen Rentner mit viel Freizeit in den Mitgliedsversammlungen große Mehrheiten stellen, nur als total verkalkt ansprechen. Außerdem ist der Anteil von Beamten und Angestellten des öffentlichen Dienstes unter den Parteimitgliedern von bis zu 45 % sehr hoch[68], hier kann man sich offensichtlich noch von der Parteimitgliedschaft Vorteile in der Karriere versprechen. Der Anteil der Parteimitglieder deutscher Parteien an den Wahlberechtigten ist wenig überraschend auf unter 2 % gesunken.

Auch die Wahlbeteiligung ist seit vielen Jahren gefallen und liegt nur noch bei wenig über 70 %. Damit erscheint schon weit mehr als ein Viertel der Wahlberechtigten nicht mehr an der Wahlurne[69]. Selbst die derzeitige Große Koalition ist an der Wählerzahl gemessen eine Minderheitsregierung von nur 48 %. Die Partei der Wahlenthalter war 2013 mit fast 18 Mio. um fast 3 Mio. größer als der Stimmenanteil der gewinnenden CDU.

Nach Umfragen von Eurobarometer im Auftrag der EU-Kommission vertrauen nur noch 16 % der in der EU Befragten den politischen Parteien, in Deutschland sind es noch 26 %. Die soziale Spaltung und Wahlenthaltung gehen eng zusammen. Es sind gerade die sozial Benachteiligten, die nicht mehr auf die Hilfe durch die Parteien setzen und in ihrem Frust und ihrer Hoffnungslosigkeit zur Wahlenthaltung neigen. Ausgerechnet die eher konservative Bertelsmann-Stiftung hat das zusammen mit dem Max-Planck-Institut für Gesellschaftsforschung und Infratest dimap in einer Auswertung der Stimmbezirke bei der Bundestagswahl von 2013 an die Öffentlichkeit gebracht. In Stadtteilen mit der niedrigsten Wahlbeteiligung gehören fast zehnmal so viele Menschen (67 %) einem sozial prekären Milieu an wie in den Stadtteilen mit der höchsten Wahlbeteiligung (7 %), sind fast fünfmal so viele Menschen arbeitslos (15 %) wie in den Stadtteilen mit der höchsten Wahlbeteiligung (3 %), haben mehr als doppelt so viele Menschen (15 %) keinen Schulabschluss und gleichzeitig weit weniger als die Hälfte das Abitur (18 %) wie in den Stadtteilen mit der höchsten Wahlbeteiligung und liegt die durchschnittliche Kaufkraft der Haushalte mit 35.000 Euro/Jahr um ein Drittel unterhalb der Kaufkraft in den Stadtteilen mit der höchsten Wahlbeteiligung (52.000 Euro).

Die deutsche Demokratie entwickelt sich so zu einer Demokratie der zwei Klassen: Die oberen zwei Drittel der Gesellschaft haben deutlich mehr Einfluß auf die Zusammensetzung des Bundestags und der neuen Regierung genommen als das untere Drittel. In den Worten der Studie:

"Die Demokratie wird zu einer exklusiven Veranstaltung für Menschen aus den mittleren und oberen Sozialmilieus der Gesellschaft, während die sozial prekären Milieus deutlich unterrepräsentiert bleiben. Die Bundestagswahl 2013 war deshalb eine sozial prekäre Wahl."

Wie die Politikwissenschaftlerin Ingrid van Biezen schreibt, haben die politischen Parteien Europas mit Beginn des 21. Jahrhunderts die Fähigkeit verloren, die Bürger einzubinden. So stirbt auch das deutsche Demokratiesystem, das auf der Vermittlung des Wählerwillens durch Parteien und ihre Vertreter im Parlament beruht. Schon das wäre ein zwingender Grund, mehr direkte Demokratie durch Volksentscheide einzuführen.

Weitere Fakten:

Max Bank von LobbyControl im ZEIT-Interview vom Februar 2016 über die regulatorische Zusammenarbeit der EU-Kommission mit Großunternehmen, wie sie jetzt im TTIP formalisiert werden soll (Ausschnitte):

Regulatorische Zusammenarbeit findet seit Mitte der 1990er Jahre statt. Und sie hat bereits negative Auswirkungen auf Verbraucher, Umweltschutz und Regulierung. Der Prozess hin zu den Verhandlungen über das TIPP-Abkommen war von Anfang an dominiert von großen transatlantischen Unternehmen. Sie gehören zusammen mit den

Bürokraten aus den USA und der EU zu den Impulsgebern des geplanten Abkommens.

Aber neben dem sogenannten Transatlantic Business Dialogue (TABD), den die EU-Kommission mit ins Leben gerufen hat und der als Wegbereiter der TTIP-Verhandlungen gilt, gab es noch andere Initiativen. Es wurden auch transatlantische Dialoge für den Verbraucherschutz, für Umwelt- und Arbeitnehmerfragen eingerichtet. Nur der Verbraucherschutz hat bis heute überlebt, auch weil die Finanzierung der anderen eingestellt wurde und das Interesse an einer Einbindung von Gewerkschaften äußerst begrenzt war.

Aus Unternehmenssicht ist die regulatorische Zusammenarbeit der Kern des geplanten TTIP-Abkommens und deshalb auch extrem umkämpft. Sehr viele Lobbyisten engagieren sich zu diesem Thema in Brüssel und Washington. In der Praxis kann sie so aussehen: Die US-Handelskammer etwa versucht gemeinsam mit dem europäischen Arbeitgeberverband Business Europe, möglichst früh an Gesetzen mitzuschreiben, noch bevor diese ein Parlament zu Gesicht bekommt. Es sollen Standards für den Handel zwischen der EU und der USA harmonisiert werden, um einen gemeinsamen Markt ohne gemeinsame Demokratie zu schaffen. Das kann die Normierung von Schrauben betreffen, aber beispielsweise auch eine gemeinsame Gesetzgebung für Abgaswerte. Bei einer derartig frühen Einbindung der Unternehmenslobby droht die Verwässerung und Unterbindung von wichtigen Gesetzen im Interesse von Verbrauchern und Umwelt.

Der Transatlantic Business Dialogue war von Anfang an kein klassischer Verband, der versucht, sämtliche Branchen unter ein Dach zu bringen. Es sollten vor allem zentrale Vorstände der großen Konzerne an einen Tisch mit Handelsbürokraten gesetzt werden. Das Ideal war immer: möglichst schlank bleiben. Im Jahr 2013 etwa fand ein Treffen des Gremiums am Rande des Weltwirtschaftsforums in Davos statt. Es gibt davon auch Teilnehmerlisten. Von deutscher Seite mit dabei waren Vertreter von Siemens, ThyssenKrupp oder Merck, von US-Seite zum Beispiel Microsoft.

Erste Aktivitäten gab es etwa in der Umweltpolitik, genauer in der Diskussion um die Ozonschicht. Die EU hatte 1997 vorgeschlagen, gegen Stoffe vorzugehen, die wie FCKW die Ozonschicht zerstören können. Über den TABD laufende Dialoge haben dazu geführt, dass die entsprechenden Kältemittel erst sehr viel später verboten wurden als anfangs vorgesehen. Hier war die enge Zusammenarbeit zwischen TABD, US-Regierung und EU-Kommission entscheidend.

Ein weiteres Beispiel ist der US-Versicherungsriese AIG, der in der Finanzkrise kollabierte. Die Finanzbranche in den USA drang über transatlantische Dialoge darauf hin, praktisch nicht der EU-Regulierung zu unterliegen, selbst wenn entsprechende Unternehmen hier angesiedelt waren. So kam es, dass die Londoner AIG-Filiale und ihr Geschäft mit Ausfallversicherungen mehr oder minder ohne Aufsicht agieren konnten.

Dieser Leseraum (den der deutsche Wirtschaftsminister Sigmar Gabriel für die Abgeordneten des Bundestags eingerichtet hat) ist an Absurdität nicht zu überbieten. Es ist bitter, dass Bürgerinnen und Bürger seit Beginn der Verhandlungen mehr Transparenz fordern und dieser Raum nun das Ergebnis sein soll. Die Abgeordneten dürfen kaum Aufzeichnungen von den Verhandlungsunterlagen machen, sie dürfen vor allem nicht darüber reden. Wie soll so eine kritische Debatte über die Verhandlungsinhalte stattfinden? Das ist momentan nicht gewährleistet. Es wird nur das Misstrauen gegenüber TTIP erhöht. Ein Abkommen, das weiter geheim verhandelt wird und Demokratie gefährdet, gilt es zu verhindern.

Nachwort

Nicht jeder Leser wird die hier behandelten Ängste empfinden, vielleicht sogar keine von ihnen, vielleicht andere mehr persönliche, die hier nicht aufgeführt wurden, wie Ängste um seine Gesundheit. Jüngere Menschen werden vielleicht weniger angstbetroffen sein als ältere, die sich noch an relativ angstfreie Zeiten erinnern können und daran den heutigen Angstpegel messen, obwohl sie das „Nach mir die Sintflut" sagen könnten. Aber wir alle werden am Ende von den massenhaften Ängsten anderer Menschen mitbetroffen sein, soweit ein Teil davon nach einfachen oder radikaleren Lösungen suchen oder auf der Strasse und an den Wahlurnen populistischen bis extremen Bewegungen folgen sollte, entweder aus schierer Verzweiflung oder verführt von Demagogen oder weil die herrschenden Eliten jedes Vertrauen endgültig verspielt haben. Damit gerät das gesamte demokratische System in Gefahr.

Das gilt nicht nur für Deutschland unter dem hier besonders heftigen Druck der Völkerwanderung. Es gilt auch für viele andere Länder in Europa und auch in den USA, wo in den Vorwahlen mit sehr groben und oft rein populistischen Argumenten gekämpft wird. Selbst der Chefkommentator der liberalen Financial Times überschreibt im Februar seinen Kommentar mit: „Bringt unsere Eliten näher zu den Menschen" und fügt dann den Untertitel an: „Ein Grund der Unruhe ist das Empfinden, dass die an der Spitze korrupt, selbstgefällig und inkompetent sind".

Während ich an diesem Buch schreibe, lese ich ein mich sehr verunsicherndes Buch des britischen Historikers David Cesarani „Final Solution: The Fate of the Jews 1933-1949". Es belegt mit vielen konkreten Berichten von Zeitzeugen und den seinerzeit geheimen Meldungen der nationalsozialistischen

Sicherheitsbehörden, dass die nationalsozialistische Bewegung noch 1938 nicht nur von oben nach unten stattfand sondern ebenso sehr von unten nach oben und dass die Spitzennazis in ihrer Judenpolitik führen wollten, aber zugleich unter dem Druck der Strasse standen. Die berüchtigte Christallnacht, der Pogrom von 1938 mit dem Brand der jüdischen Synagogen und der Zerstörung und Plünderung jüdischer Geschäfte, konnte stattfinden, während und weil sich Polizei und Sicherheitsbehörden bewusst zurück hielten. Auch Adolf Hitler oder Göring hatten nicht dazu aufgerufen und waren nicht einmal vorher informiert worden. Am folgenden Tag hielt Hitler eine lange Rede vor Journalisten, in der er die schrecklichen Ereignisse mit keinem Wort erwähnte.

Wenn das so stimmt und wahrscheinlich stimmt es, zeigten sich hier 1938 in grausamer Weise die ausser Kontrolle geratenen Mobb-Instinkte eines nicht kleinen Teils der Deutschen. Mit solchen Instinkten muss man leider trotz (oder wegen) aller historischer Erfahrungen auch heute noch rechnen. Auch gegenüber Flüchtlingen werden sie in dem Masse wachsen, wie immer mehr zu uns kommen. Sie werden ebenso und vor allem wachsen, wenn die sozialen Unterschiede bei uns immer unerträglicher zunehmen. Das gilt erst recht, wenn neue schwere Wirtschaftskrisen kommen sollten.

Und noch etwas liegt mir am Herzen, bevor Sie dieses Buch zuklappen. Es will die ohnehin vorhandenen Ängste vorführen und zugleich die angsterzeugenden Kräfte. Es will aber nicht leichtsinnig noch zusätzliche Ängste schüren. Es will auch niemandem vorwerfen, Angst zu haben, die ich ja auch empfinde. Diese Ängste sind in aller Regel gute Ratgeber an unsere politische Elite, die sich des Ernstes der Situation in ihren Elfenbeintürmen noch immer nicht so recht bewußt zu sein scheint. Es ist die Massierung der verschiedenen und inzwischen zahlreichen angstauslösenden Krisen, die unsere Demokratie und unser Gesellschaftssystem in Gefahr bringt. Fast alle diese Krisen beruhen auf einer weit übertrieben neoliberal ausgerichteten Globalisierung. Die hat nur noch sehr wenig mit der immer wieder vordergründig proklamierten Hilfe für arme Länder im Süden der Welt zu tun, dafür aber umso mehr mit den selbstsüchtigen Interessen der global tätigen Unternehmen und den dahinter stehenden sehr persönlichen und ebenso selbstsüchtigen Interessen der herrschenden politischen und ökonomischen Eliten. Alle diese selbstsüchtigen Interessen sind global vernetzt.

Was sich in der Häufung schwerer und neoliberal vernetzter Krisen zusammenbraut, nennen die Briten einen „perfect storm". Angst ist da die völlig korrekte Reaktion informierter Zeitgenossen.

* * * * *

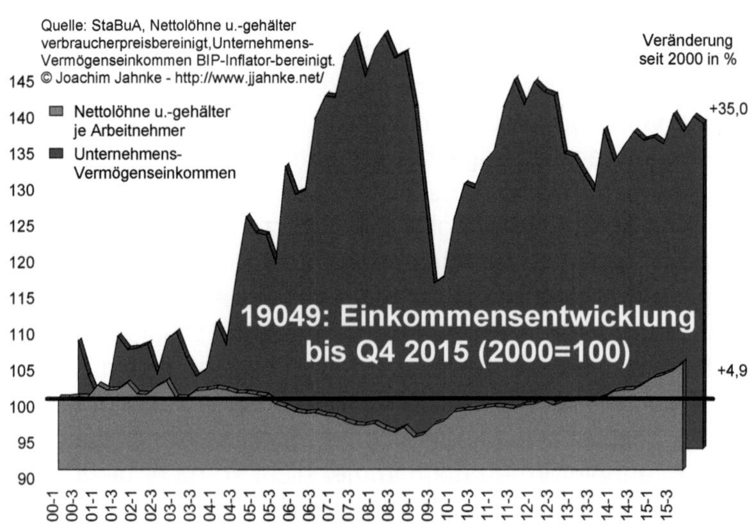

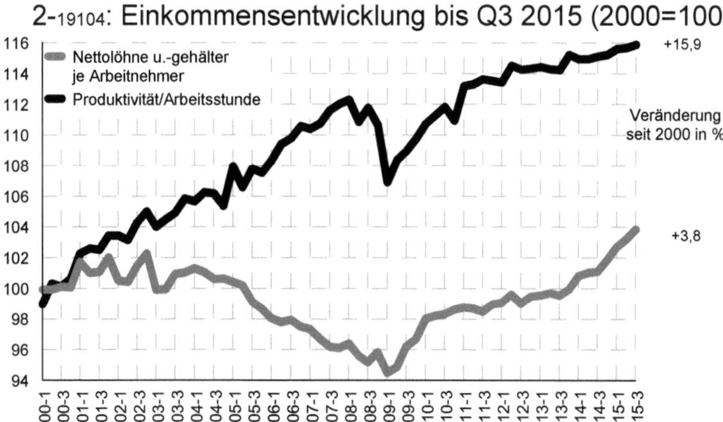

Quelle: Statistisches Bundesamt, Werte zu Preisen von 2000, Nettolöhne u.-gehälter verbraucherpreisbereinigtt. © Joachim Jahnke - http://www.jjahnke.net/

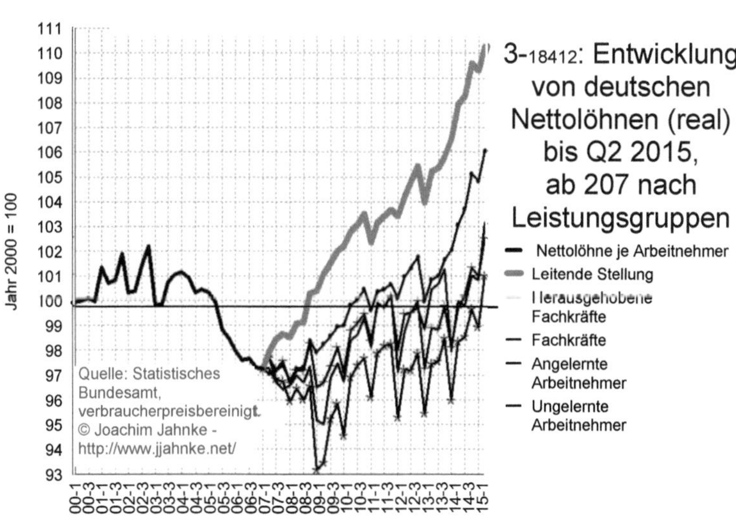

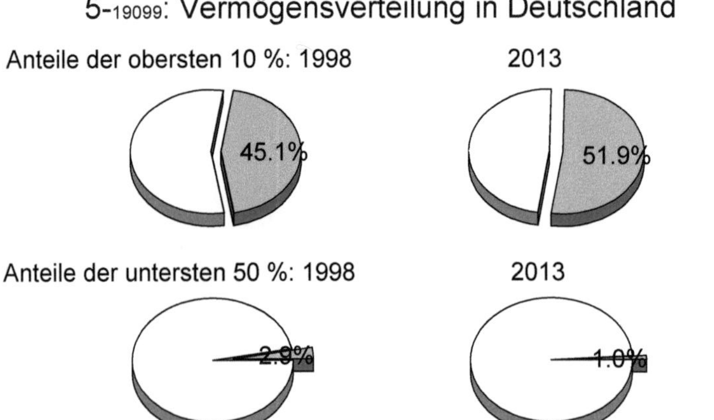

4-14636: Lohnquote 1970 - 2015 in % vom Volkseinkommen

Quelle: Statistisches Bundesamt, angepaßt = W-Deutschland hochgehoben auf Deutschland 1991, *) 2 Quartale 2015. © Jahnke - http://www.jjahnke.net

5-19099: Vermögensverteilung in Deutschland

Quelle: Bundesregierung, Einkommens- und Verbrauchsstichprobe . © Jahnke - http://www.jjahnke.net

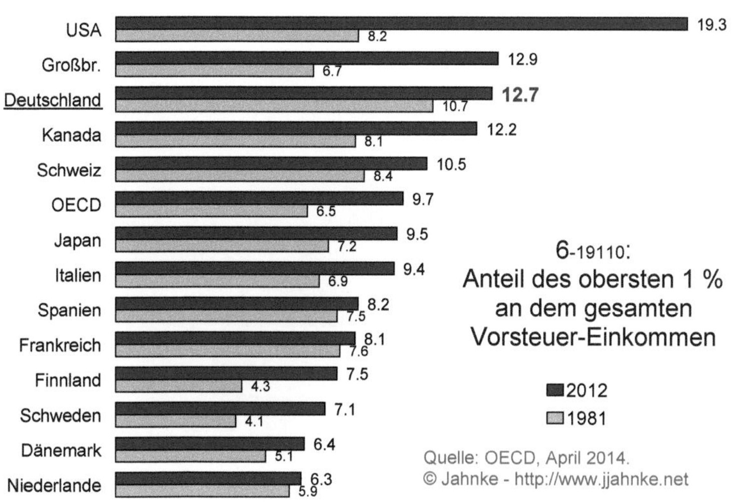

7-14719: Aufkommen vermögensbezogener Steuern in Deutschland in % BIP

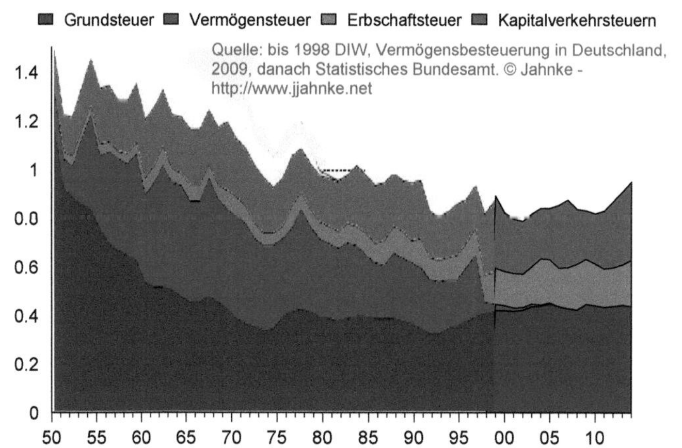

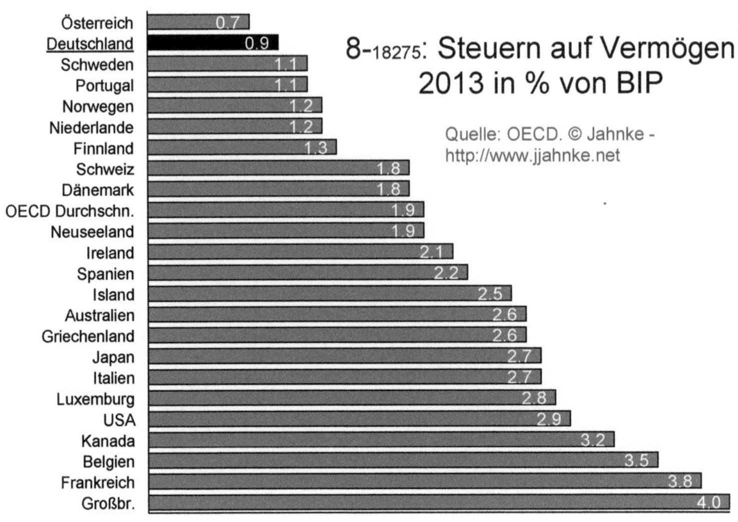
Österreich 0.7
Deutschland 0.9
Schweden 1.1
Portugal 1.1
Norwegen 1.2
Niederlande 1.2
Finnland 1.3
Schweiz 1.8
Dänemark 1.8
OECD Durchschn. 1.9
Neuseeland 1.9
Ireland 2.1
Spanien 2.2
Island 2.5
Australien 2.6
Griechenland 2.6
Japan 2.7
Italien 2.7
Luxemburg 2.8
USA 2.9
Kanada 3.2
Belgien 3.5
Frankreich 3.8
Großbr. 4.0
8-18275: Steuern auf Vermögen 2013 in % von BIP
Quelle: OECD. © Jahnke - http://www.jjahnke.net

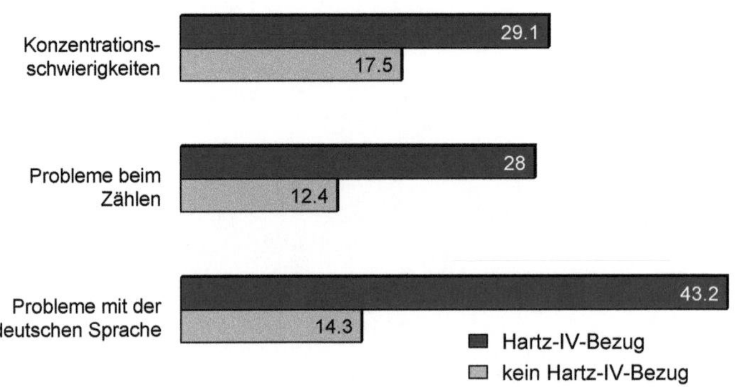
9-18824: Entwicklungsprobleme von Kindern zum Zeitpunkt der Einschulung
Konzentrations- schwierigkeiten 29.1 17.5
Probleme beim Zählen 28 12.4
Probleme mit der deutschen Sprache 43.2 14.3
Hartz-IV-Bezug
kein Hartz-IV-Bezug
Quelle: Schuleingangsuntersuchung Mühlheim/Ruhr. © Jahnke - http://www.jjahnke.net

10-18996: Geschwisterkorrelationen im individuellen Arbeitseinkommen in Dänemark, Deutschland und den USA

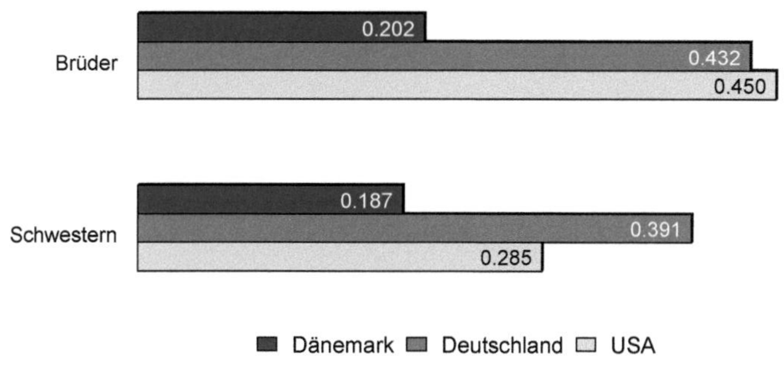

Quelle: DIW, Chancengleichheit in Deutschland, Januar 2013. © Jahnke - http://www.jjahnke.net

11-17890: Lesefähigkeit in Abhängigkeit vom Bildungsniveau der Eltern*)

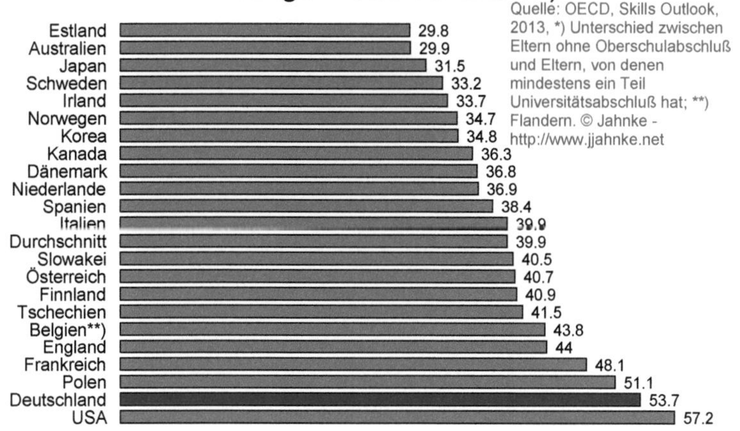

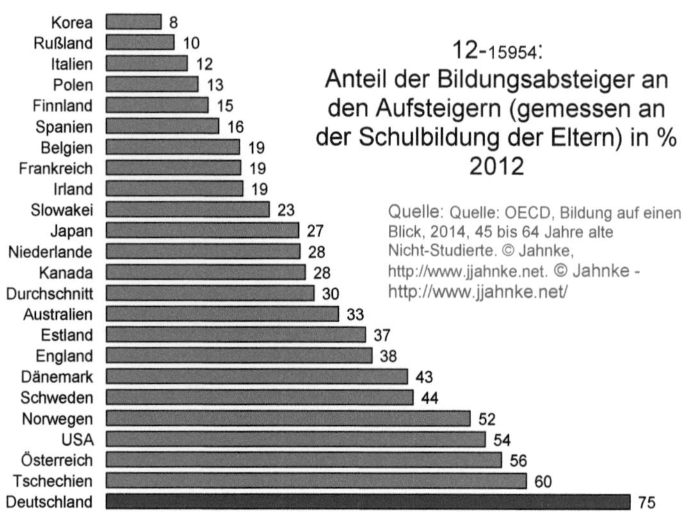

12-15954:
Anteil der Bildungsabsteiger an den Aufsteigern (gemessen an der Schulbildung der Eltern) in % 2012

Quelle: Quelle: OECD, Bildung auf einen Blick, 2014, 45 bis 64 Jahre alte Nicht-Studierte. © Jahnke, http://www.jjahnke.net. © Jahnke - http://www.jjahnke.net/

13-17897: Mobilität: Personen, die in einer 4-Jahres-Periode in ihrer Einkommensgruppe verbleiben in %

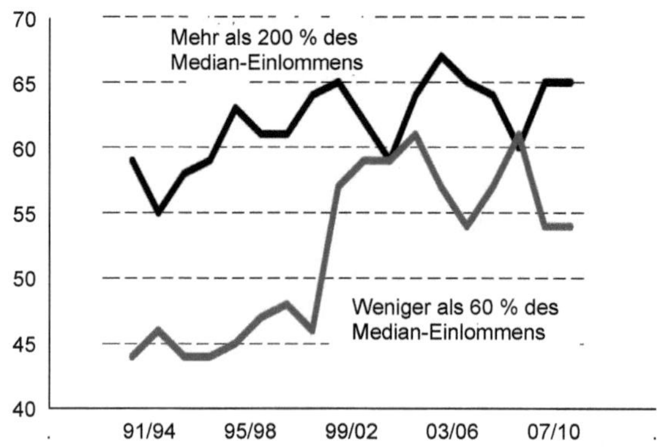

Quelle: DIW, 46/2013. © Jahnke - http://www.jjahnke.net

14-18925: Entwicklung der Verschuldung öffentlich und privat G7 und China (ohne Banken) in % BIP

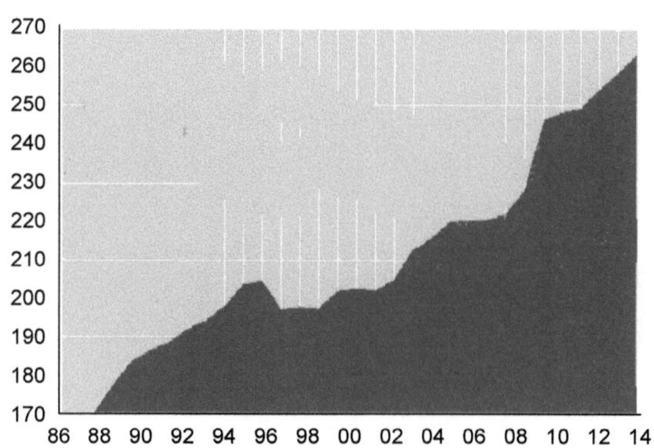

Quelle: BIZ, 85. Jahresbericht, Juni 2015. © Jahnke - http://www.jjahnke.net

15-18885: Reale Zinsrate der Notenbanken von USA, EU und Japan in %

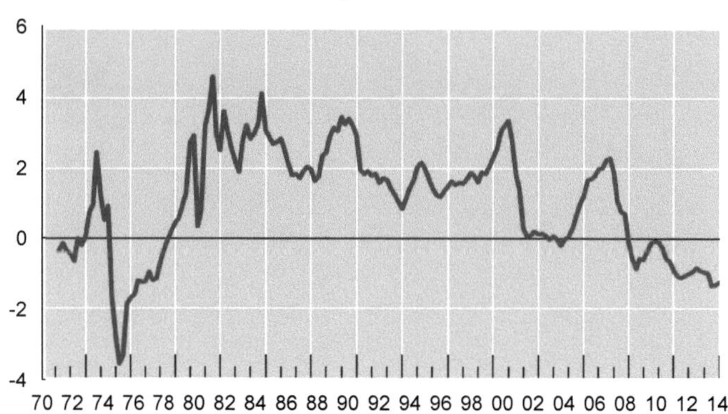

Quelle: BIZ, 85. Jahresbericht, Juni 2015. © Jahnke - http://www.jjahnke.net

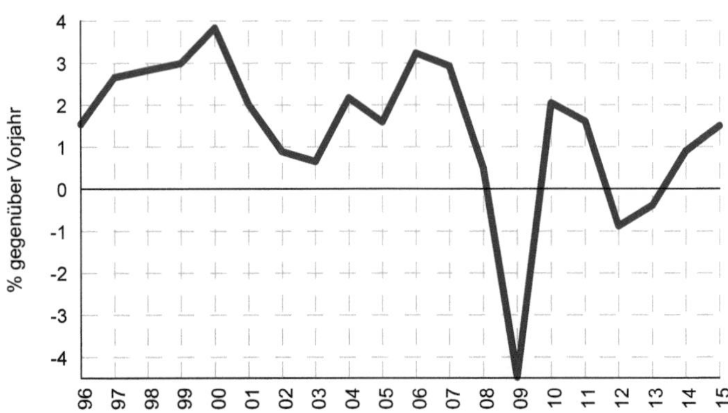

Quelle: Eurostat, 2015 = Hochrechnung nach 3 Quartalen. © Jahnke - http://www.jjahnke.net

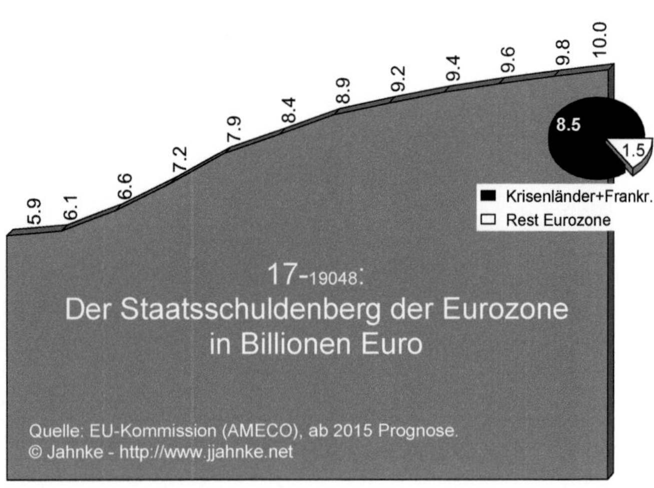

18-16827: Arbeitslosenraten in der Eurozone in %

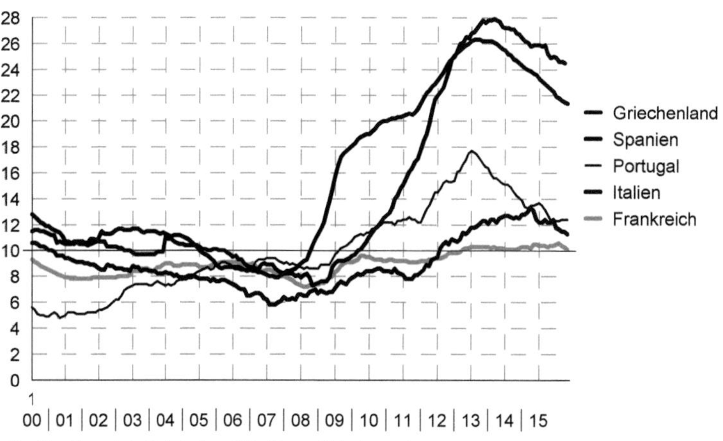

Quelle: Eurostat. © Jahnke - http://www.jjahnke.net

19-19091: Der Ölpreis verliert 50 % seit Mai 2015

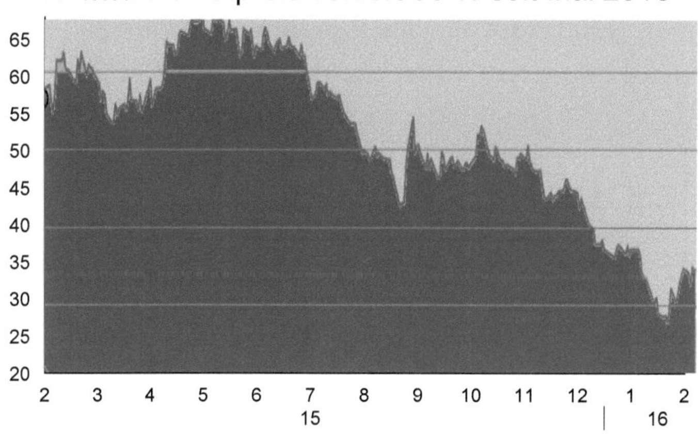

Quelle: Bloomberg, Brent-oil, Preis in $/barrel. © Jahnke - http://www.jjahnke.net

20-19092: Wirtschaftswachstum China in %

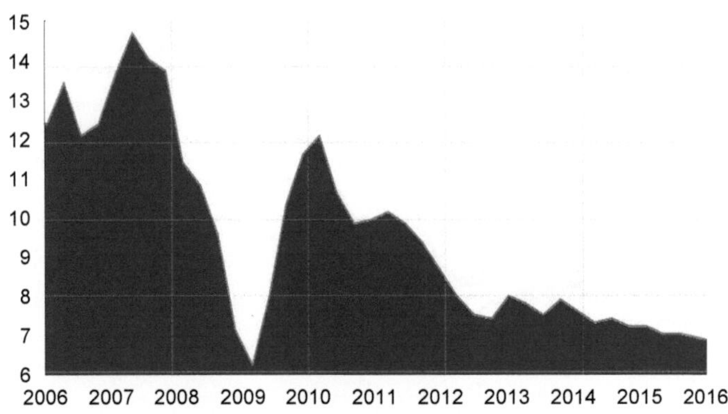

Quelle: National Bureau of Statistics. © Jahnke - http://www.jjahnke.net

21-19093: Netto Kapitalflüsse von und nach China in Mrd.$

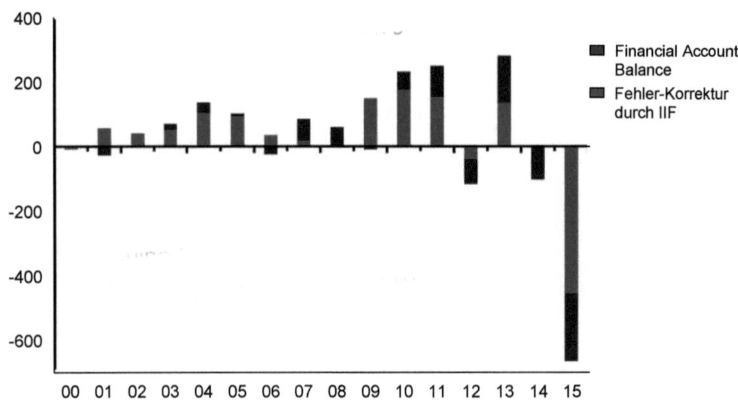

Quelle: Insitut of International Finance. © Jahnke - http://www.jjahnke.net

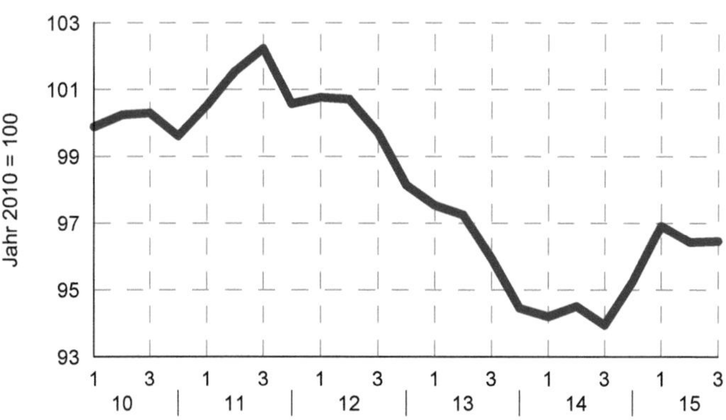

22-18471: Kreditvolumen der Banken an Nichtfinanz-Unternehmen (Eurozone)

Quelle: EZB. © Jahnke - http://www.jjahnke.net

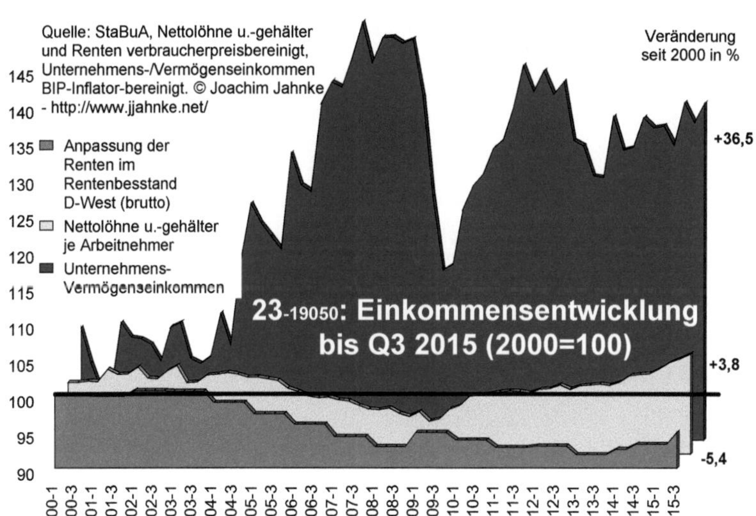

24-17256: Entwicklung der durchschn. Neurenten Männer Deutschland West

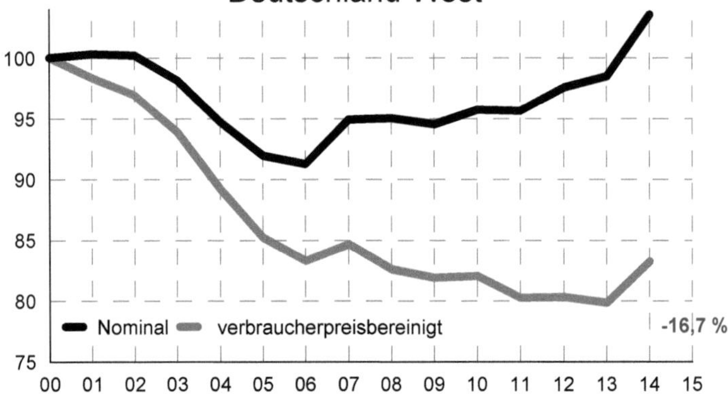

Quelle: Deutsche Rentenversicherung, Statistisches Bundesamt. Nach Abzug des Eigenanteils des Rentners zur KVdR und PVdR unter Berücksichtigung des geminderten Zugangsfaktors© Jahnke - http://www.jjahnke.net

25-17864: Rentenschichtung in % der monatlichen Zahlbeträge alte Bundesländer Ende 2014

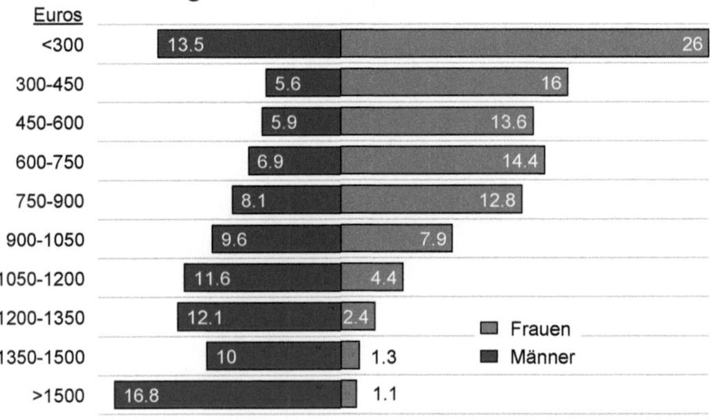

Quelle: Deutsche Sozialversicherung, Renten wegen Alters und verminderter Erwerbsfähigkeit. © Jahnke - http://www.jjahnke.net

26-17092: Anteile von Einkommenskomponenten am Bruttoeinkommensvolumen (ab 65 Jahre) 2007

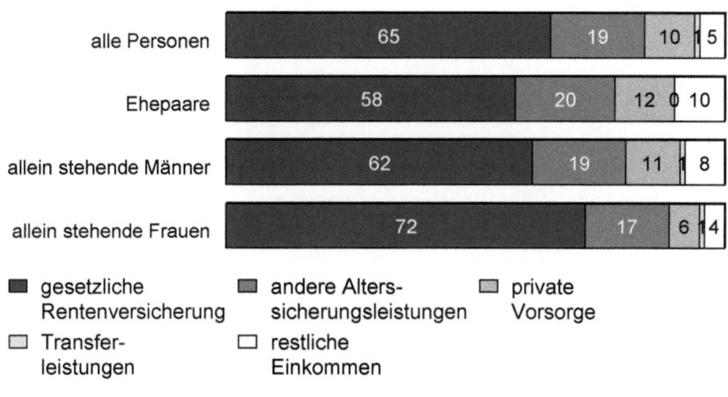

Quelle: Rentenentwicklung und Altersarmut, Studie im Auftrag der Volkssolidarität, März 2011. © Jahnke - http://www.jjahnke.net

27-19044: Zunahme von Altersarmut in Deutschland

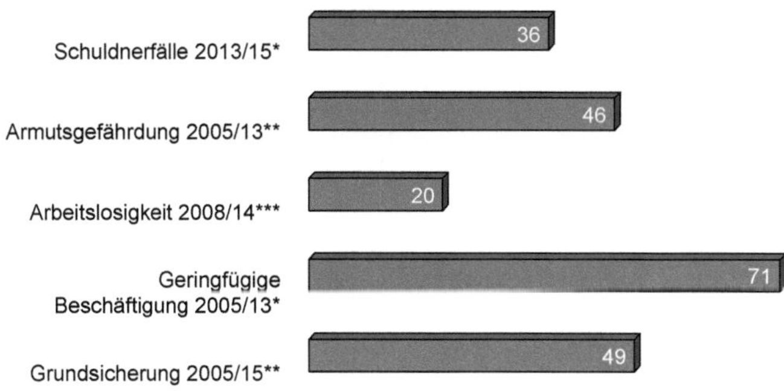

Quelle: SchuldnerAtlas, 2015. *) Über 70 Jahre, **) Rentner/Pensionäre, ***) 55 bis 65 Jahre. © Jahnke - http://www.jjahnke.net

28-17862: Rentenniveau in % des durchschn. Jahresarbeitsentgelts 1957 - 2030

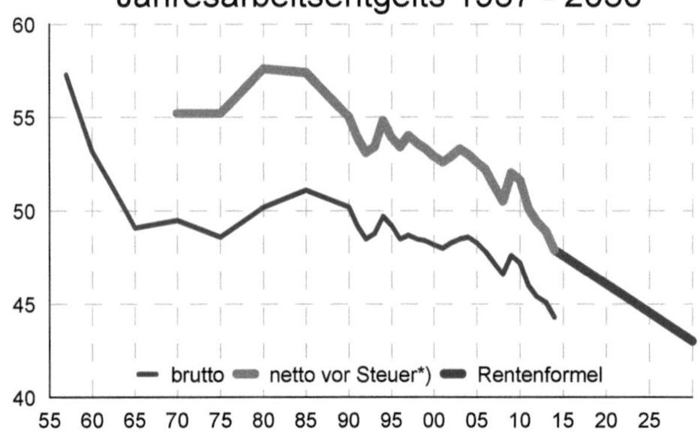

Quelle: Deutsche Rentenversicherung, 2014, *) Regelaltersrente gemindert um den allgemeinen Beitragsanteil sowie den durchschnittlichen Zusatzbeitrag zur Krankenversicherung und den Beitrag zur Pflegeversicherung. © Jahnke - http://www.jjahnke.net

29-19053: Durchschnittliche monatliche Zahlbeträge der sozialen Altersversicherung 2014 in Euro

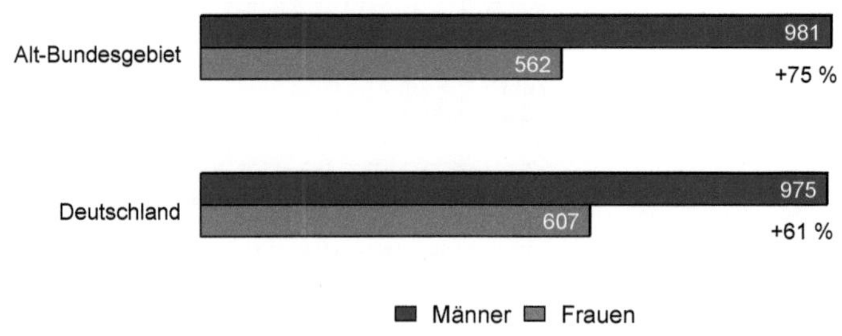

Quelle: Rentenversicherung. © Jahnke - http://www.jjahnke.net

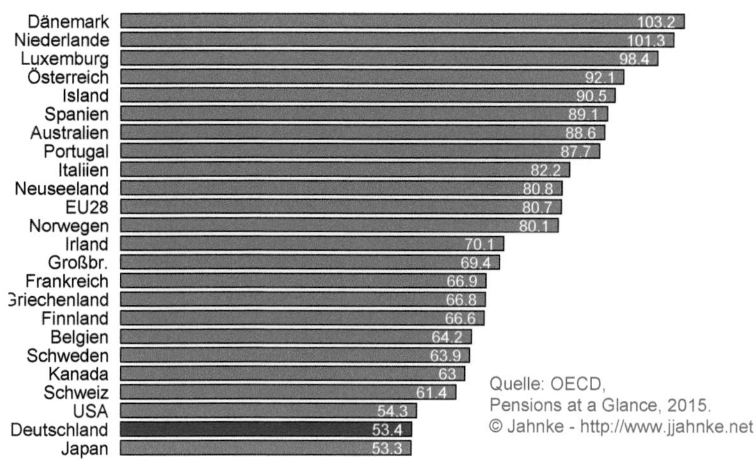

30-12477: Brutto- Rentenniveau im Verhältnis zum letzten Arbeitseinkommen (halbes Durchschnittseinkommen)
Dänemark 103.2
Niederlande 101.3
Luxemburg 98.4
Österreich 92.1
Island 90.5
Spanien 89.1
Australien 88.6
Portugal 87.7
Italiien 82.2
Neuseeland 80.8
EU28 80.7
Norwegen 80.1
Irland 70.1
Großbr. 69.4
Frankreich 66.9
Griechenland 66.8
Finnland 66.6
Belgien 64.2
Schweden 63.9
Kanada 63
Schweiz 61.4
USA 54.3
Deutschland 53.4
Japan 53.3
Quelle: OECD,
Pensions at a Glance, 2015.
© Jahnke - http://www.jjahnke.net

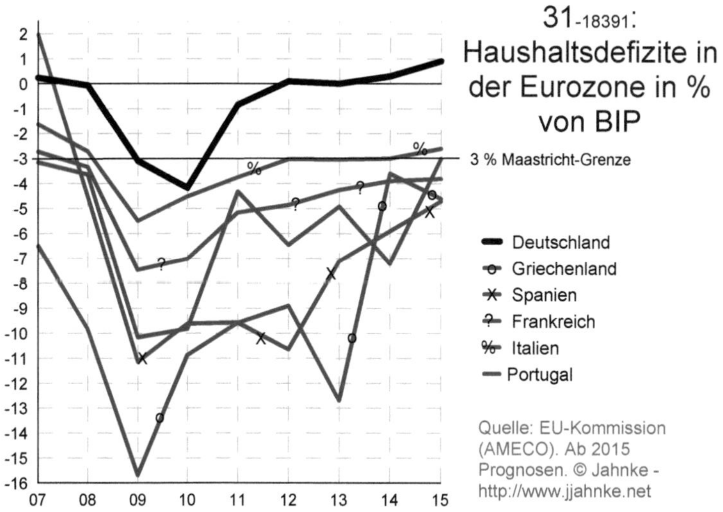

31-18391:
Haushaltsdefizite in der Eurozone in % von BIP
3 % Maastricht-Grenze
Deutschland
Griechenland
Spanien
Frankreich
Italien
Portugal
Quelle: EU-Kommission (AMECO). Ab 2015 Prognosen. © Jahnke - http://www.jjahnke.net
07 08 09 10 11 12 13 14 15

Abbildungen

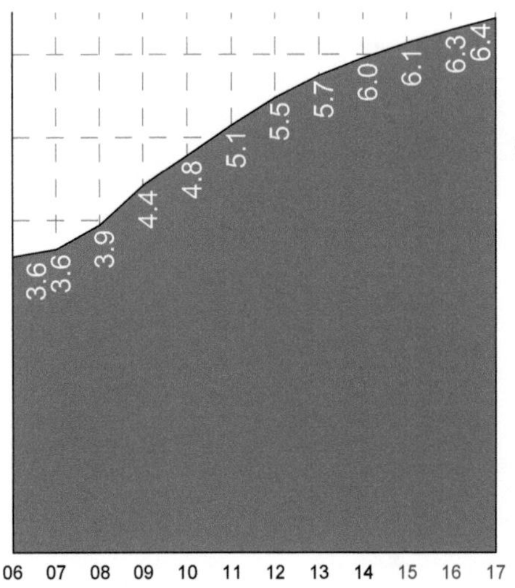

32-16968:
Verschuldung der 5 Eurokrisenländer (Griechenland, Irland, Italien, Portugal und Spanien) sowie Frankreichs in Billionen Euro mit Prognose

Quelle: EU-Kommission (AMECO). © Jahnke - http://www.jjahnke.net

33-19068: Entwicklung der Target-Salden der Eurokrisenländer bis Oktober 2015

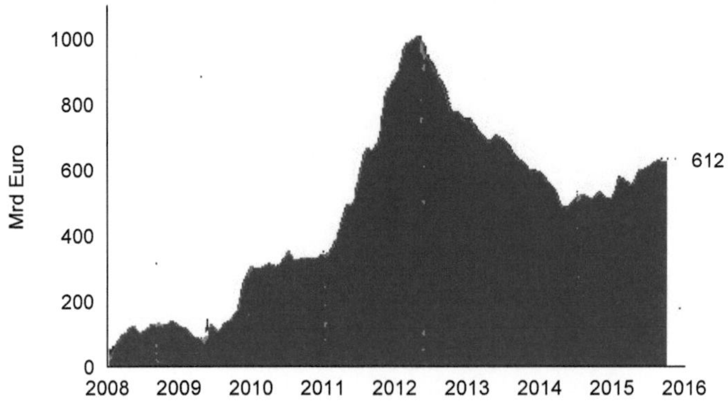

Quelle: Ifo-Institut.

34-19106: Eurobarometer Herbst 2015: Gesamt positives Bild der EU (ja in %)

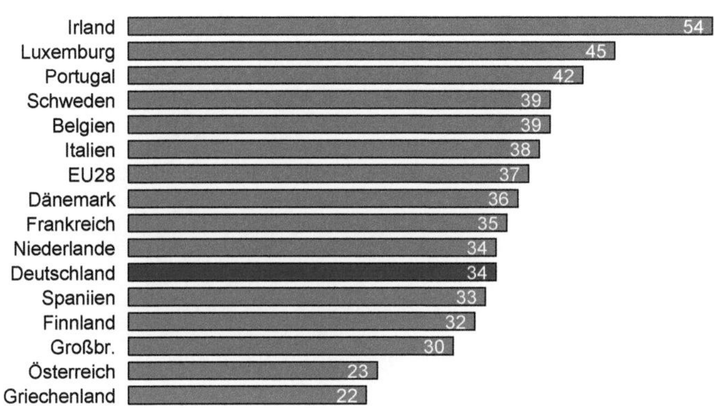

Quelle: EU-Kommission. © Jahnke - http://www.jjahnke.net

35-19103: Anteil der Migranten an der Bevölkerung in %

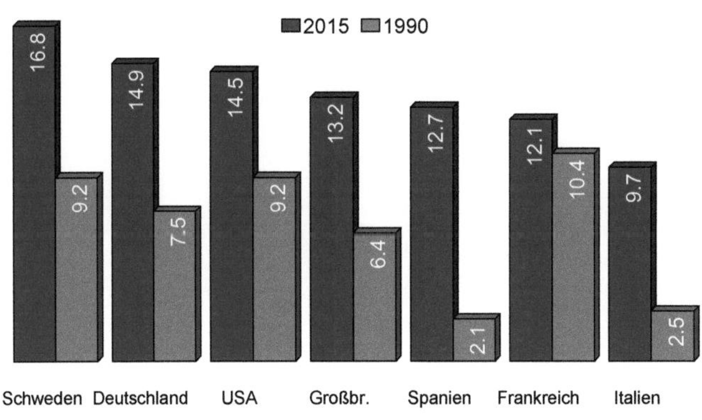

Quelle: UN. © Jahnke - http://www.jjahnke.net

36-19101: Integration von Flüchtlingen in den deutschen Arbeitsmarkt

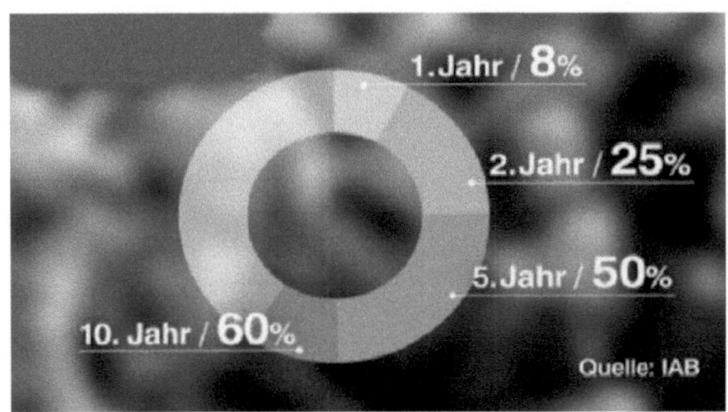

Quelle: IAB. © Jahnke - http://www.jjahnke.net

37-19102: Anteil der erwerbstätigen Flüchtlinge mit Asylantrag 2007/12 zwischen 18 und 69 Jahren und nicht in Ausbildung in %

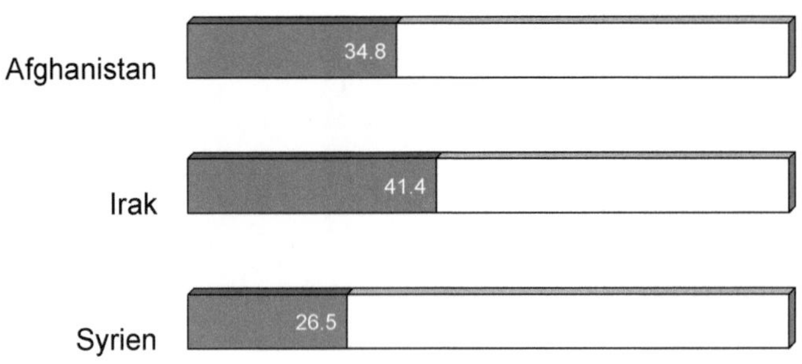

Quelle: BAMF-Kurzanalyse 01|2016. © Jahnke - http://www.jjahnke.net

38-18997: Tertiäre Bildungsbeteiligung und Bevölkerung im Jahr 2005

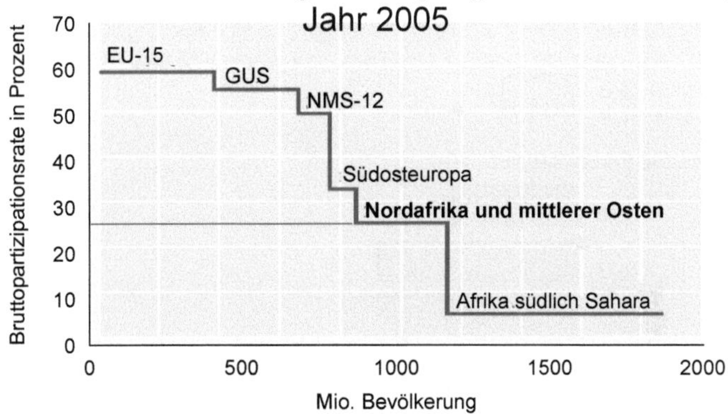

Quelle: IAB 1/2008. Berechnet sind die Bruttopartizipationsraten (gross school enrolment rates) der relevanten Jahrgänge in tertiärer Bildung und Ausbildung; GUS = Gemeinschaft Unabhängiger Staaten; NMS = Neue Mitgliedstaaten der EU. Datenquelle: Weltbank (2007). © Jahnke - http://www.jjahnke.net

39-18828: Anteil der Menschen mit berufsqualifizierendem Bildungsabschluß in %

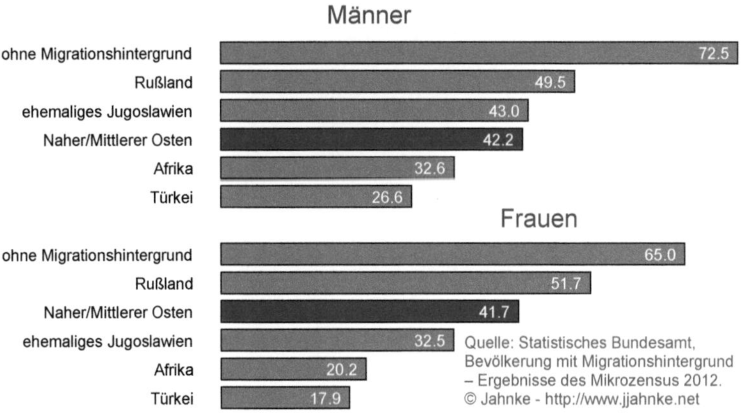

Quelle: Statistisches Bundesamt, Bevölkerung mit Migrationshintergrund – Ergebnisse des Mikrozensus 2012. © Jahnke - http://www.jjahnke.net

Abbildungen

40-17843: Anteil von Kindern, deren Eltern einen niedrigen Bildungsstatus haben, an den jeweiligen Bevölkerungsgruppen in %

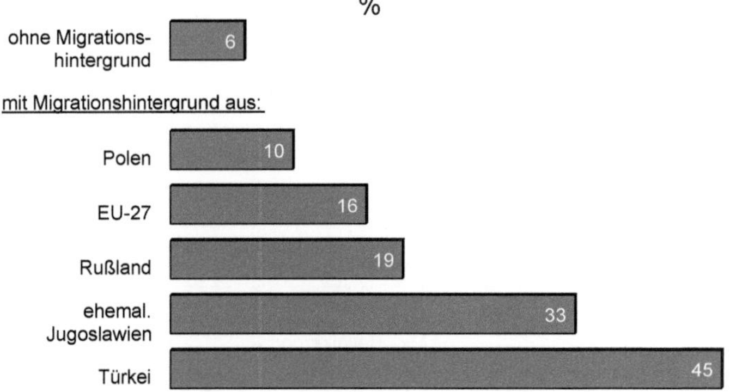

Quelle: Deutsches Jugendinstitut, Kinder-Migrationsreport, 2013. © Jahnke - http://www.jjahnke.net

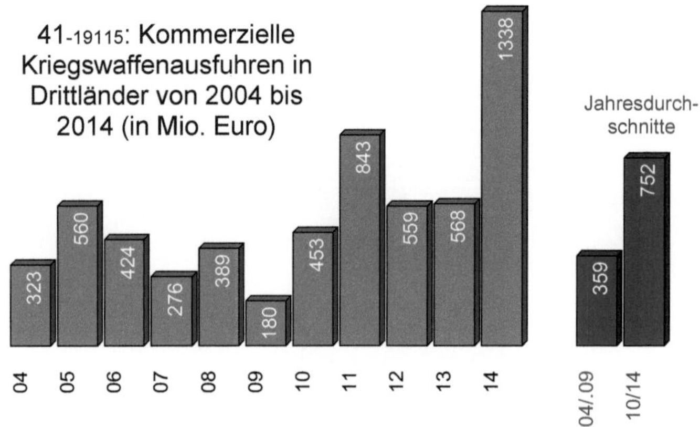

Quelle: Bericht der Bundesregierung über ihre Exportpolitik für konventionelle Rüstungsgüter im Jahre 2014. © Jahnke - http://www.jjahnke.net

42-19113: Rechtsextreme Aufmärsche und Kundgebungen

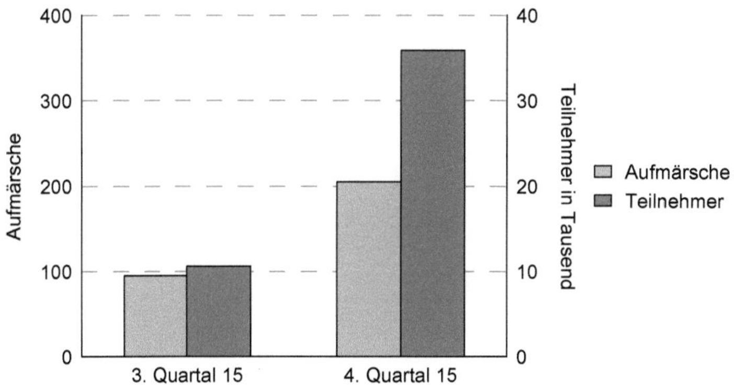

Quelle: Bundesinnenministerium. © Jahnke - http://www.jjahnke.net

43-19114: Straftaten gegen Flüchtlingsunterkünfte

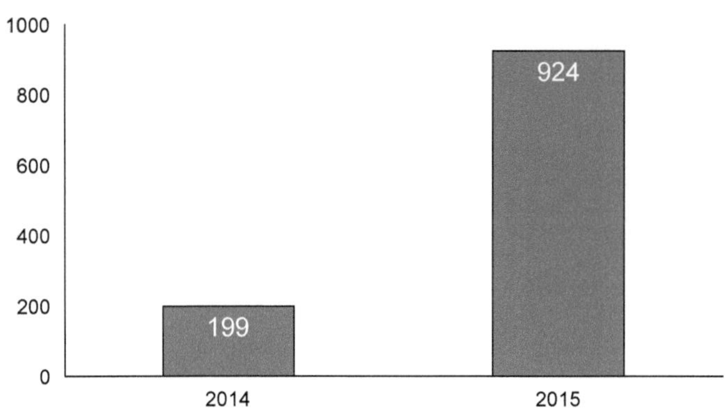

Quelle: BKA, Stand Januar 2016. © Jahnke - http://www.jjahnke.net

44-14037: Ausländeranteil an Tatverdacht bei schweren Verbrechen 2014 in % von allen Tatverdächtigen

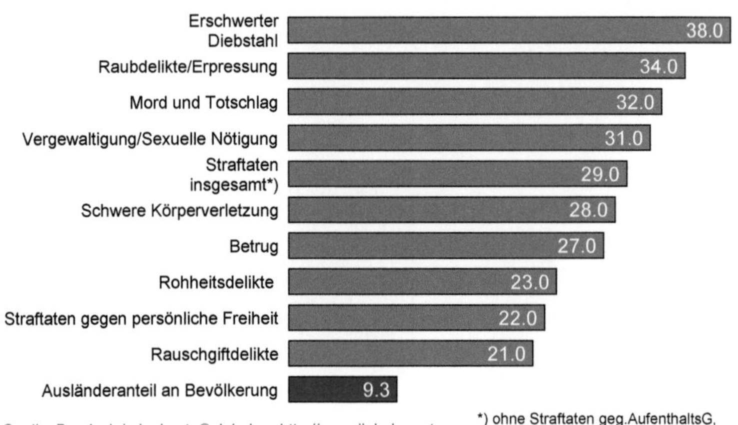

Quelle: Bundeskriminalamt. © Jahnke - http://www.jjahnke.net

*) ohne Straftaten geg.AufenthaltsG, AsylverfahrensG, Freizügigkeits-G

45-19079: Tatverdächtige pro 1.000 Ausländerbevölkerung aus muslimischen Länder 2014

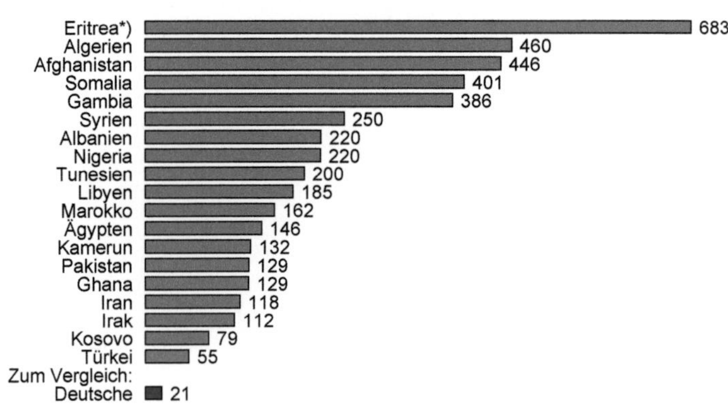

Quelle: Kriminalstatistik 2014. *) teils muslimisch

46-19080: Türkische Tatverdächtige nach Alter und Zahl der Straftaten pro Jahrgang in 1.000

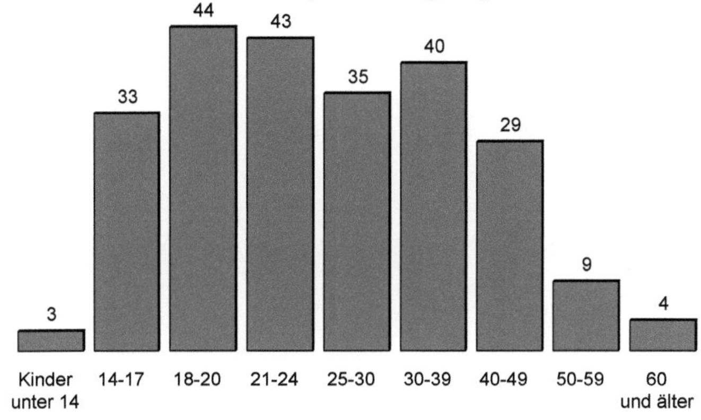

Quelle: Kriminalstatistik 2014. © Jahnke - http://www.jjahnke.net

47-18130: Weltbevölkerung 2015 in Millionen

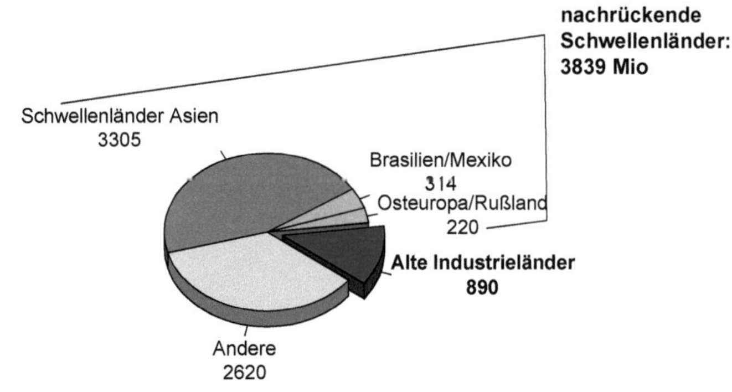

Quelle: IWF. © Jahnke - http://www.jjahnke.net

48-18727: Eigentümerstruktur der 30 größten deutschen Unternehmen (Dax-30) 2014

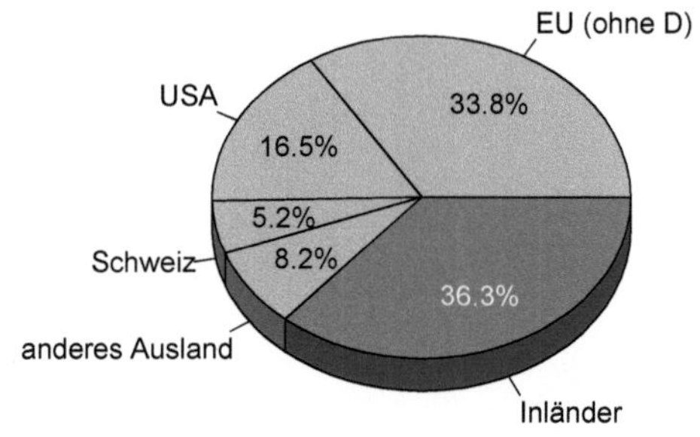

Quelle: Bundesbank. © Jahnke - http://www.jjahnke.net

49-14675: Anteil der Mitarbeiter in Deutschland der 30 größten börsengehandelten deutschen Unternehmen

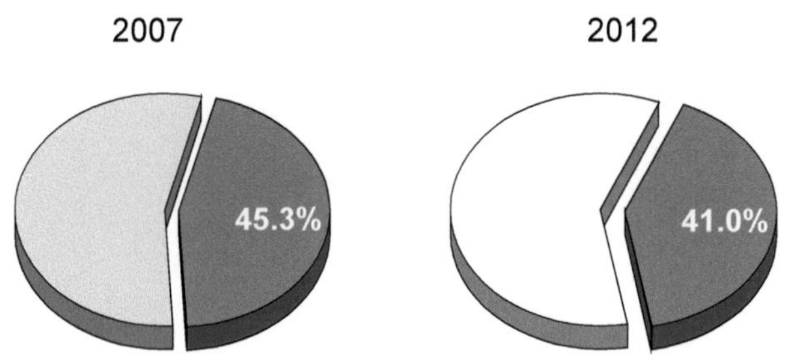

Quelle: Ernst & Young. © Jahnke - http://www.jjahnke.net

50-19097: Anteil des Umsatzes in Deutschland der 30 größten börsengehandelten deutschen Unternehmen 2012

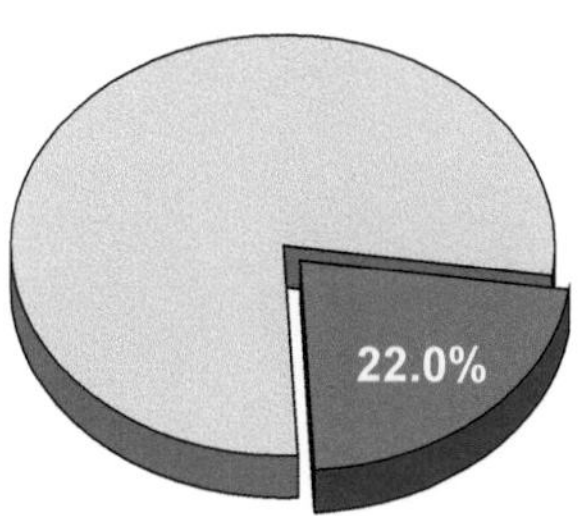

Quelle: Ernst & Young. © Jahnke - http://www.jjahnke.net

51-17104: Auslandsanteil am Umsatz der deutschen gewerblichen Wirtschaft in rotierender 12-Monatsdurchschnitt %

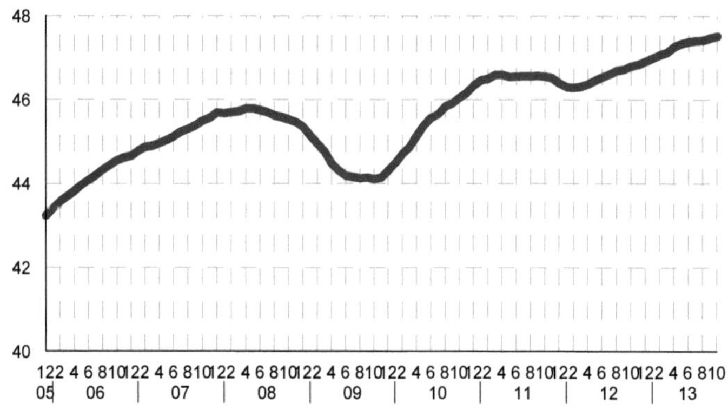

Quelle: Statistisches Bundesamt. © Jahnke - http://www.jjahnke.net

52-18758: Transnationalitäts-Index der 10 größten deutschen Multis

Anlagevermögen - Umsatz - Beschäftigung

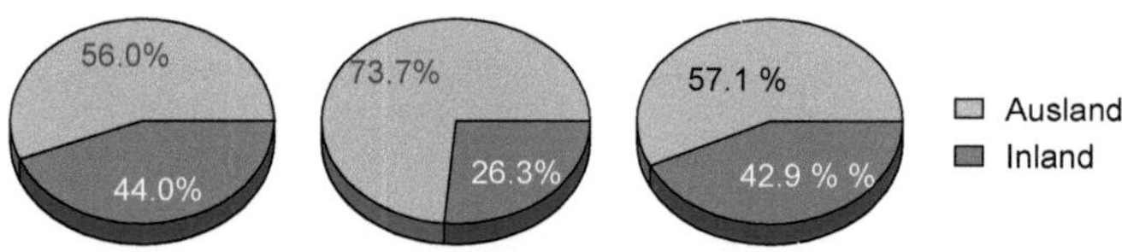

Quelle: Transnationalitäts-Index der UNCTAD, 2014. © Jahnke - http://www.jjahnke.net

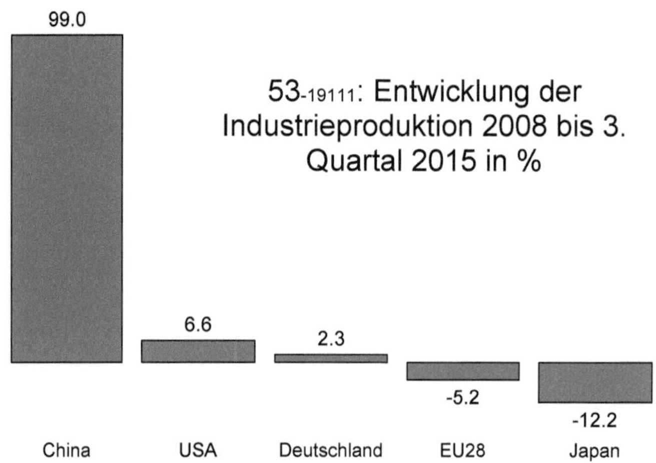

53-19111: Entwicklung der Industrieproduktion 2008 bis 3. Quartal 2015 in %

Quelle: OECD. © Jahnke - http://www.jjahnke.net

54-19112: Industrieproduktion zu Preisen von 2005 in US$

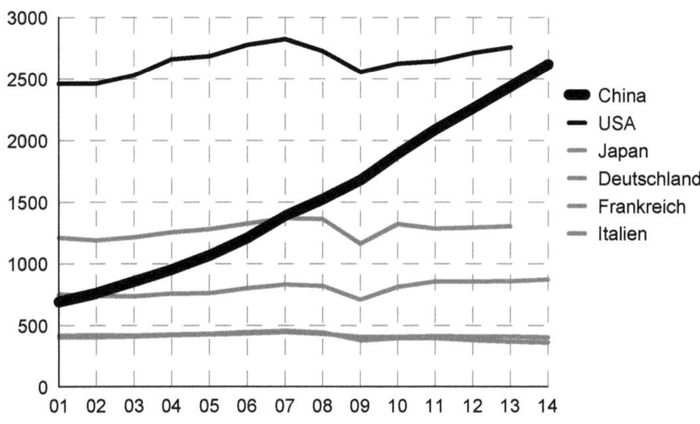

Quelle: Weltbank. © Jahnke - http://www.jjahnke.net

55-18949: Chinesischer Elektrizitätsverbrauch in % gegenüber Vorjahr jeweils 1. HJ

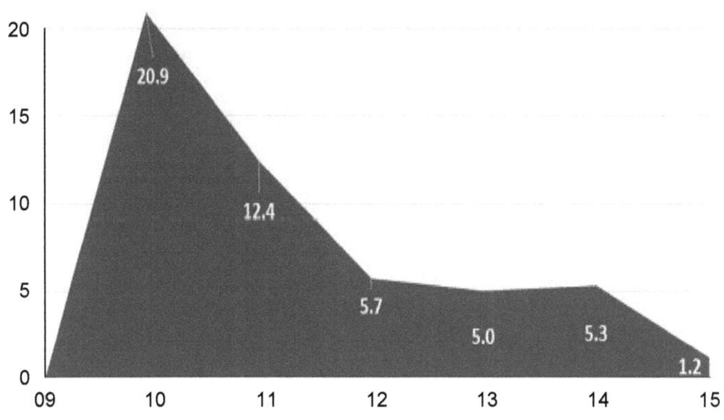

Quelle: China National Statistics Bureau. © Jahnke - http://www.jjahnke.net

56-18945: Chinesischer Aktienindex Shanghai A

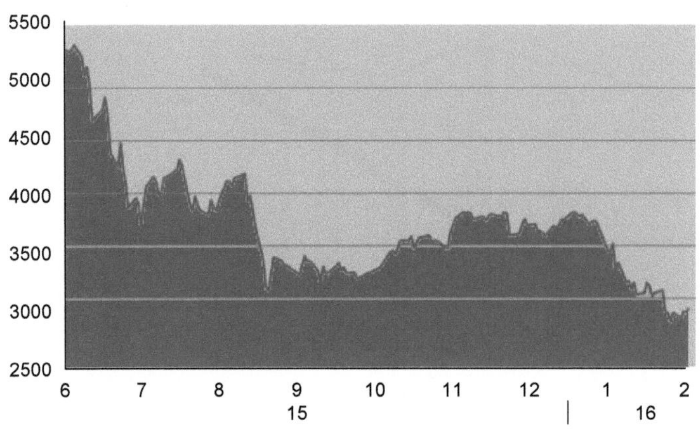

57-18760: Entwicklung der atypischen Beschäftigung - Teilzeit, Befristungen, Zeitarbeit und geringfügige Beschäftigungen

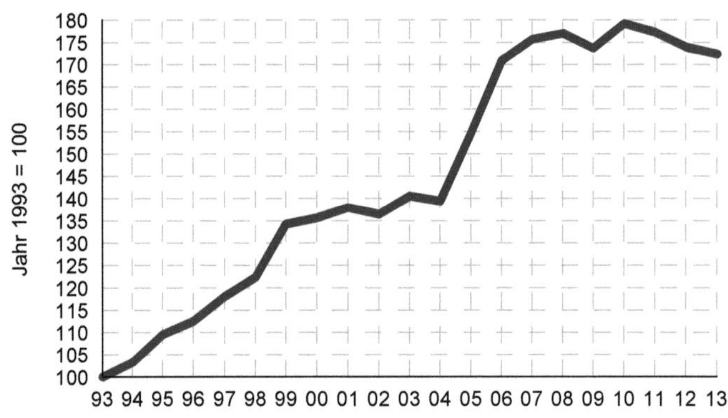

Quelle: Antwort der Bundesregierung auf Anfrage der Partei Die Linke, Drucksache 18/4638 v. 16.4.2015. © Jahnke - http://www.jjahnke.net

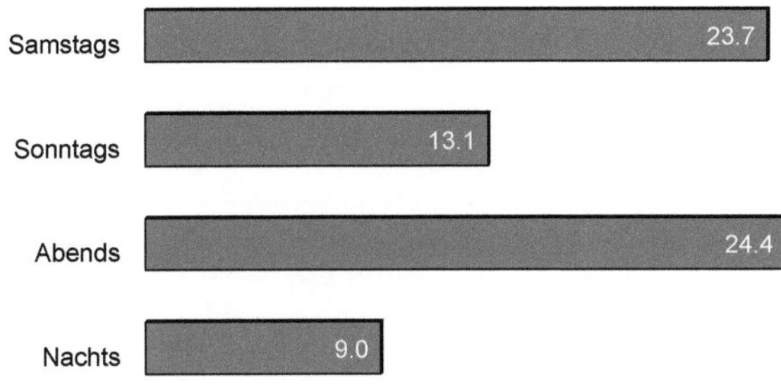

58-17433: Atypischer Arbeitszeiten der Arbeitnehmer 2014 in %

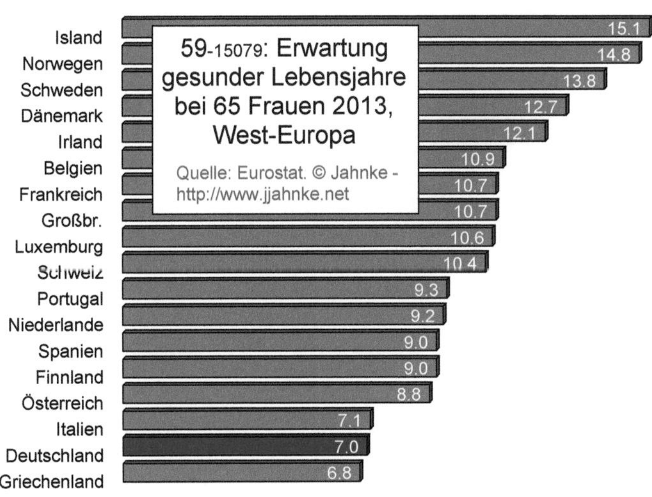

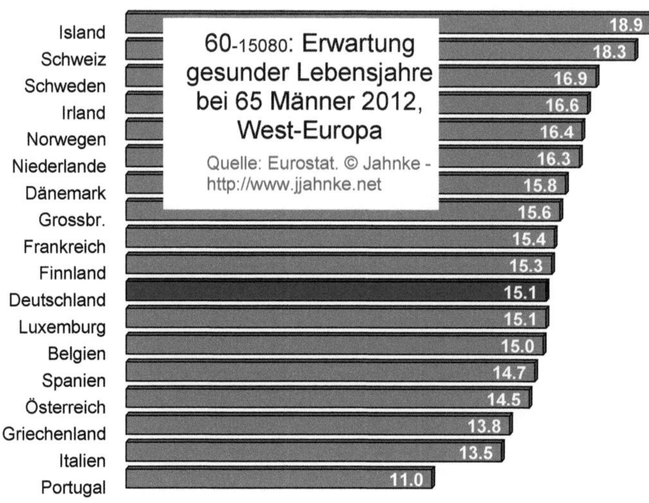

61-13793: Anteil von Menschen mit selbst wahrgenommener dauerhafter starker gesundheitlichen Behinderung (mindestens 6 Monate) 2013 in %

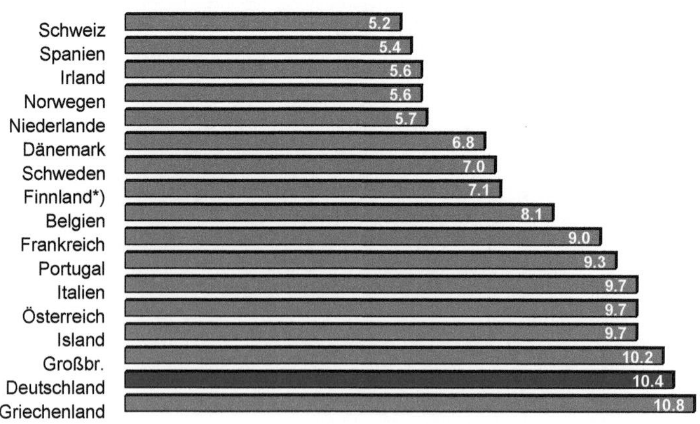

Quelle: Eurostat, *) 2012. © Jahnke - http://www.jjahnke.net

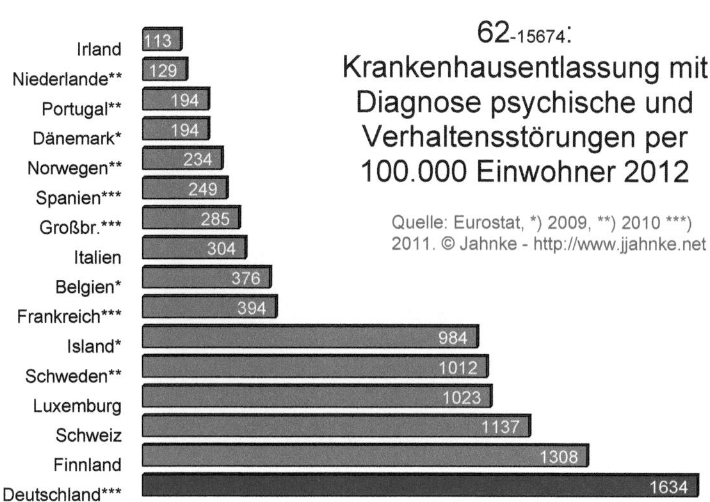

63-18923: Entwicklung der Häufigkeit von
Krankenhausentlassungen nach Diagnose psychische
und Verhaltensstörungen je Bevölkerung in Deutschland

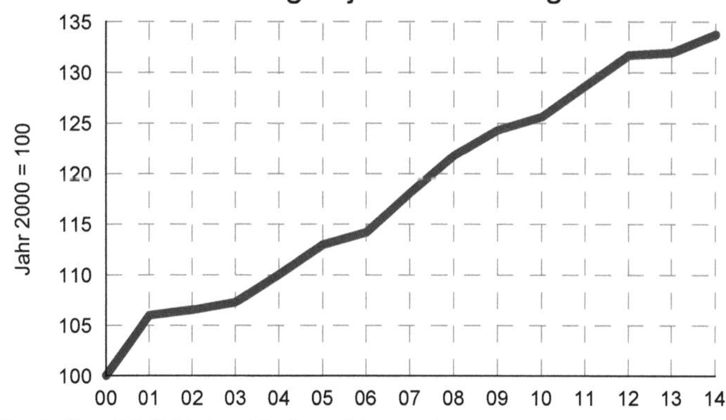

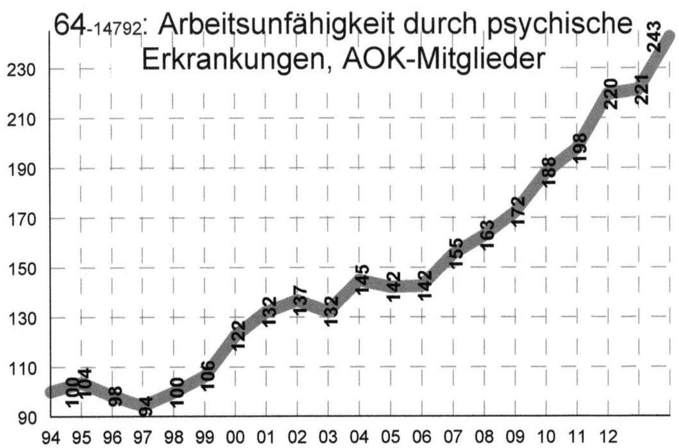

Quelle: AOK-Fehlzeitenreport 2015. © Jahnke - http://www.jjahnke.net

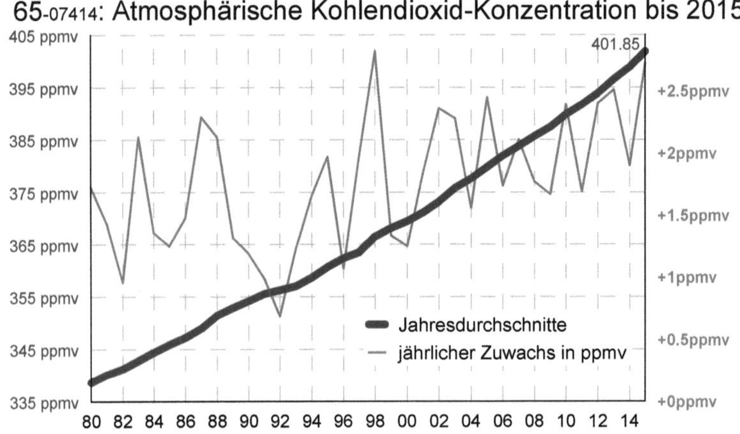

Quellen: Mauna Loa Observatory, Hawaii, US National Oceanic and Atmospheric Administration.
© Jahnke - http://www.jjahnke.net

66-19137: Mitgliederentwicklung bei SPD und CDU in Tsd.

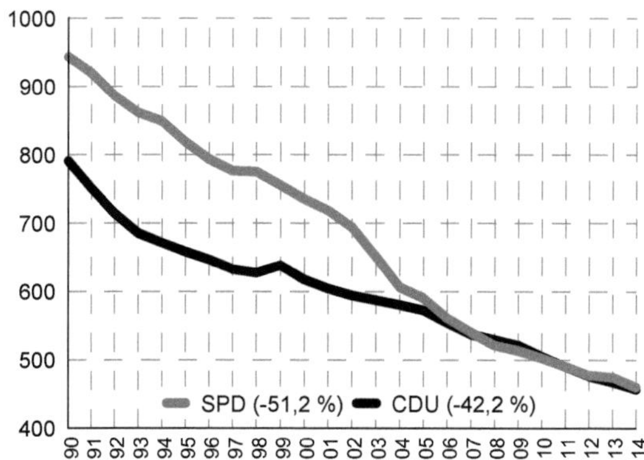

Quelle: Oskar Niedermayer: Parteimitglieder in Deutschland, Version 2015, Berlin, 2015. © Jahnke - http://www.jjahnke.net

67-19139: Anteil der SPD-Parteimitglieder über 60 Jahre 1974 - 2014

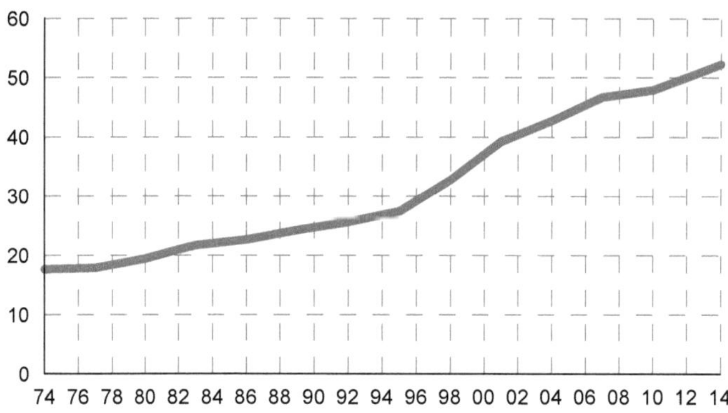

Quelle: 2015. © Jahnke - http://www.jjahnke.net

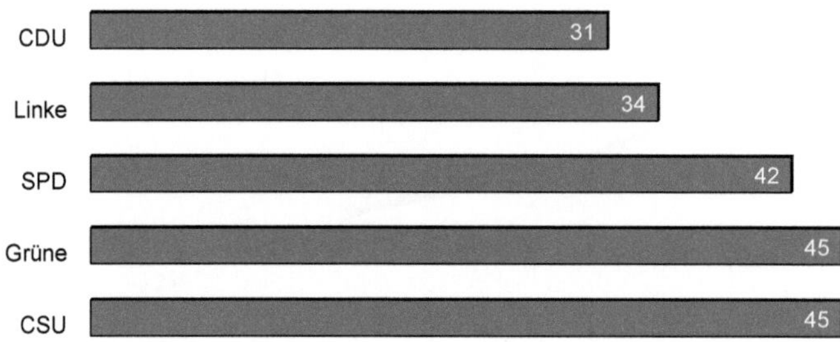

Quelle: Niedermayer, Oskar, „Parteimitglieder in Deutschland, Arbeitshefte
aus dem Otto-Stammer-Zentrum, Nr. 25, Berlin". © Jahnke - http://www.jjahnke.net

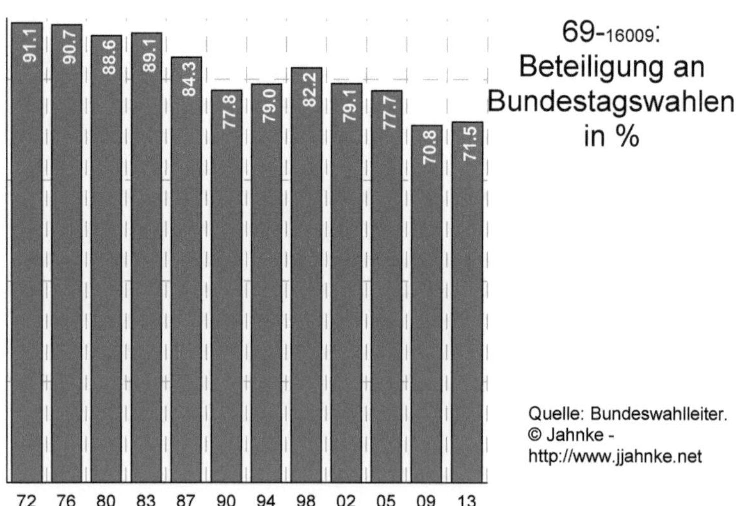

Quelle: Bundeswahlleiter.
© Jahnke -
http://www.jjahnke.net